Social Education, Social Work and Community Development :
The Profession and Practice in Asian and Western Countries

社会教育と福祉と地域づくりをつなぐ

日本・アジア・欧米の社会教育職員と地域リーダー

松田 武雄〔編著〕

大学教育出版

はじめに

　本書は、科学研究費補助金基盤研究（B）「社会教育・福祉・コミュニティ支援を統合するシステムと理論、専門職形成の比較研究」（研究代表者・松田武雄、2015-2017 年度）において調査研究してきた成果のまとめである。この間、研究課題は異なるが、その底流にある本質的な問題意識は継承して、10 年間共同研究してきた。最初は、基盤研究（B）「社会教育・生涯学習の再編とソーシャル・キャピタルに関する実証的研究」（研究代表者・松田武雄、2008-2010 年度）、次に基盤研究（A）「コミュニティ・ガバナンスと社会教育福祉システムの構築に関する欧米とアジアの比較研究」（研究代表者・松田武雄、2011-2014 年度）、そして今回で計 10 年にわたるプロジェクトである。8 割ほどのメンバーは固定して、2 割ほどのメンバーがそのつど変わってきた。そして、それぞれの基盤研究の最後にまとめとして、『社会教育・生涯学習の再編とソーシャル・キャピタル』（2012 年）、『社会教育福祉の諸相と課題』（2015 年、いずれも大学教育出版）を出版した。まずは、10 年間にわたる共同研究を支援して頂いた学術振興会に感謝申し上げるとともに、共同研究者の皆さんにお礼申し上げたい。

　特に基盤研究（A）では、予算が潤沢に措置されていたことにより、毎年、国際会議を開き、私たちの研究課題のキーワードである Social Pedagogy についてヨーロッパの研究者と討議できたことが大きな成果であった。中でも、科研費のメンバーがほぼ全員ドイツに行き、ドイツで大きな国際会議を開催できたことは、Social Pedagogy の研究にはずみをつけることができた。私たちが 10 年前に Social Pedagogy の研究を細々と始めた頃に比べると、現在、その研究の広がりは隔世の感がある。欧米の多くの研究者とネットワークをつくることができ、日本の Social Education も、ヨーロッパの Social Pedgogy の領域で少しずつ認知されてきた。2018 年 2 月にはメキシコで、International Conference Social Pedagogy and Social Education が初めて開催され、世界

のSocial PedagogyとSocial Educationの研究者が一堂に会して、国際学会が盛大に行われた。私たちの科研費メンバーから4人が発表し、研究交流ができきた。

さらに、欧米だけでなく、アジアにおいても社会教育と福祉と地域づくりをつなぐような実践と研究が行われており、韓国、中国、ウズベキスタン、香港、東南アジア諸国の研究を行い、『社会教育福祉の諸相と課題』では多彩な比較研究をおこなっている。このような比較研究から、日本の社会教育発展への示唆を得ることができるものと考えている。

しかし、私たちのプロジェクト研究では、日本の厳しい社会教育の現状を直視し、その現状を打開できるような研究を行うという点では弱かったと言わざるをえない。本書でそれがどこまで探究できたのか、自信はないが、多少なりとも示唆を提示できれば幸甚である。

本基盤研究は、本来、2018年度まで継続する予定であったが、新たな科学研究費基盤研究（B）「社会教育・福祉・予防医療の連携とコミュニティ・エンパワーメントの実証的比較研究」が採択されたため、2017年度でひとまず終了することになった。メンバーが大学で管理職等多忙な職に就くようになり、計画していた通りには研究が進まなかったが、社会教育専門職研究の今日的な重要性に鑑み、今回もまとめの単行本を出版することにした。皆さん極めて多忙な中での出版であり、綱渡り状態であったが、メンバーの協力で何とか出版にこぎつけることができた。

社会教育専門職といっても、日本の文脈では公民館主事に焦点化し、社会教育主事等他の専門職にはほとんど言及していない。本書のテーマである「社会教育と福祉と地域づくりをつなぐ」という観点からすると、地域に根づき、その専門性が多様性を有する公民館主事が、最も柔軟にこの機能を創造的発展的に担うことができると考えたからである。そして関連して、コミュニティにおける支援者、韓国・中国・スウェーデンの専門職の動向と、カナダの難民支援スタッフ、ウズベキスタンの地域リーダーについて考察している。現在の社会教育関連職員の可能性を考える上では、甚だ不十分であることは承知しているが、私たちの3年間にわたる研究の成果として一応の区切りとすることにした。

しかし、本研究の問題意識はこれで終わるわけでなく、新しい基盤研究の研究課題に引き継いで継続していく。とはいえ、この間続けてきた共同研究は、今回の基盤研究を持って終了する。最後に、社会教育概念の新たな構築につながるような理論的考察を図るべく努めたいものだと考えている。

　今回も、本書を出版するにあたり、大学教育出版の佐藤守社長に大変お世話になりました。感謝申し上げます。また、本書の編集作業を、名古屋大学大学院生の大村隆史さんにしていただきました。ありがとうございました。

2019年3月

松田　武雄

社会教育と福祉と地域づくりをつなぐ
――日本・アジア・欧米の社会教育職員と地域リーダー――

目　次

はじめに ……………………………………………………（松田 武雄）…*i*

序章　社会教育と福祉と地域づくりをつなぐ社会教育関係職員
　　　………………………………………………………（松田 武雄）…*1*
　はじめに　*1*
　1．社会教育と福祉と地域づくりの関係性　*4*
　2．社会教育と福祉と地域づくりをつなぐ社会教育職員の専門性　*6*
　3．松江市における社会教育と公民館主事の専門性の構造　*10*
　4．海外の社会教育関係職員との比較 ― スウェーデンと韓国の場合 ―　*13*
　おわりに　*16*

第1章　地域・公民館における社会教育と社会福祉の連携・協働
　　　― 公民館地域アセスメントを手がかりに ― ………（上野 景三）…*19*
　はじめに　*19*
　1．国のコミュニティ政策の動向　*20*
　2．地域コミュニティにおける公民館の可能性と役割を探る
　　　― 公民館地域アセスメントを手がかりに ―　*28*
　　（1）　地域課題解決と公民館との関係　*28*
　　（2）　公民館における連携と侵食　*29*
　　（3）　地域アセスメントと公民館　*31*
　3．各領域にみる地域アセスメントの手法　*32*
　　（1）　公衆衛生学　*32*
　　（2）　地域福祉学　*34*
　　（3）　地域政策関連領域　*36*
　　（4）　公民館学と地域アセスメント　*37*
　　（5）　公民館と関連領域をつなぐアセスメント　*38*
　4．公民館地域アセスメントの開発にむけて　*39*

第2章　暮らしづくりの支援における価値とその意義 ……（宮﨑 隆志）…42

　　はじめに　42
　　1. CRISP モデル　43
　　　（1）Social Pedagogy の実践像　43
　　　（2）創造的活動の意義　44
　　2. 支援者に求められるもの　47
　　　（1）支援者とは　47
　　　（2）「表現できる場」をつくる　47
　　　（3）差異を際立たせる　48
　　　（4）フラットな関係を維持する　49
　　3. アニマシオンという価値　50
　　　（1）実践の方向性を規定するもの　50
　　　（2）暮らしを享受する　51
　　4. 愉しさの再生産の保障　52
　　　（1）愉しい活動　52
　　　（2）支援者の学び　53
　　おわりに　54

第3章　松江市公民館体制における地区社会福祉協議会の位置
　　　　　―地域基盤の変動と職員制度の発足に着目して―…（丹間 康仁）…57

　　はじめに　57
　　1. 松江市の公民館体制と社会福祉協議会　58
　　　（1）松江市における公民館の設置と運営　58
　　　（2）松江市における地区社会福祉協議会の発足　60
　　2. 松江市における公民館と福祉の融合　62
　　　（1）松江市の公民館と社会福祉協議会を捉える視点　62
　　　（2）公民館と社会福祉協議会の関係に対する提起　63
　　3. 松江市公民館体制の成り立つ地域基盤　65
　　　（1）住民参加の公民館運営と地域福祉の展開　65

（2）地区の事務局が集約された公民館　*66*
　4. 松江市公民館体制をめぐる新たな展開　*68*
　　　（1）市町村合併にともなう「松江方式」への移行　*68*
　　　（2）松江市公民館社会教育主事制度の発足　*71*
　おわりに　*74*

第4章　「金沢方式」のもとで培われる公民館職員の専門性
　　　　──公民館・町会連合会・地区社会福祉協議会の関わりに注目して──
　　　　　　　　　　　　　　　　　　　　　　　　　　（大村 隆史）…*78*

　はじめに　*78*
　1. 金沢市の公民館制度の沿革　*79*
　2. 公民館の運営基盤としての「金沢方式」　*81*
　　　（1）「金沢方式」の概要と特徴　*81*
　　　（2）専門職の形成と「金沢方式」の可能性　*84*
　3. 公民館運営における町会連合会と地区社会福祉協議会の位置　*85*
　　　（1）町会連合会　*85*
　　　（2）地区社会福祉協議会　*88*
　おわりに　*90*

第5章　韓国における教育福祉と平生教育関係職員　…………（李 正連）…*94*
　1. 教育福祉論の展開　*94*
　2. 教育と福祉と地域づくりをつなぐ平生教育関係職員　*96*
　　　（1）平生教育士　*96*
　　　（2）文解教員　*99*
　　　（3）教育福祉士　*100*
　3. 地域基盤型教育福祉を支える教育福祉士の実践──ソウル市の取り組みに着目して──　*102*
　4. おわりに　*106*

第6章　社区教育と地域づくりをつなぐ中国社区教育職員の可能性
　　　　　　　　　　　　　　　　　　　　　　　　　　　　（肖　蘭）…110

　はじめに　*110*

　1. 社区教育とは何か　*111*

　2. 社区教育職員の役割　*113*

　　（1）　社区教育施設の機能と職員の役割　*113*

　　（2）　政策にみられる社区教育職員の資質　*115*

　3. 上海市における社区教育職員養成の現状と課題　*117*

　　（1）　大学における社区教育職員の養成　*118*

　　（2）　社区学院における社区教育職員の養成　*121*

　　（3）　コミュニティ・ワーカーとしての社区教育職員　*123*

　おわりに　*125*

第7章　ウズベキスタンにおける社会教育・福祉・地域づくりをつなぐ地域リーダーの現状と課題 ……………………………（河野 明日香）…*129*

　はじめに　*129*

　1. ウズベキスタンにおける社会教育、生涯学習、成人教育に関わる法制度、政策の現状　*130*

　2. 独立後における福祉の現状と制度、政策　*132*

　3. マハッラおよびマハッラ運営委員会による教育と福祉　*134*

　　（1）　マハッラとは何か　*134*

　　（2）　マハッラおよびマハッラ運営委員会の構成と活動、機能　*135*

　　（3）　マハッラを基盤とした教育と福祉の仕組み　*135*

　4. マハッラ運営委員会の活動にみる地域リーダーの役割　*137*

　　（1）　Aマハッラにおけるライースおよびマハッラ運営委員会の活動　*137*

　　（2）　マハッラの地域リーダーの役割・性質と専門職の制度形成　*140*

　おわりに　*141*

第8章 カナダにおける難民支援とスタッフの養成 ― 難民研究センター・サマーコースの分析をもとに ― ……………………（藤村 好美）…145

はじめに　145
1. 世界の難民問題とカナダ　146
2. ヨーク大学難民研究センターの概要と活動　148
    （1）概要　148
    （2）教育プログラム　148
    （3）プロジェクト　149
3. CRS サマーコース　150
    （1）サマーコースの経緯　150
    （2）2018 CRS Summer Course on Refugees and Forced Migration（難民と強制移動に関するサマーコース）の記録　151
4. まとめに代えて　165

第9章 スウェーデンにおける Social Pedagogue による伴走的支援 ― 依存症成人支援事業を対象に ― ……………（松田 弥花）…168

はじめに　168
1. Social Pedagogue に求められる能力　169
2. 依存症成人支援事業にみられる「自立」　170
    （1）依存症成人支援事業の概要　170
    （2）「依存」と「自立」　171
    （3）「依存から自立」とは　172
    （4）ソスペッドによる実践の構造　174
3. 「依存から自立」へのプロセスに対するソスペッドの関わり方　175
    （1）第1段階：関係性構築　175
    （2）第2段階：ニーズ把握　178
    （3）第3段階：調整的挑戦　180
おわりに　182

索引 ……………………………………………………… *185*

執筆者紹介 ……………………………………………… *188*

序　章

社会教育と福祉と地域づくりをつなぐ社会教育関係職員

はじめに

　社会教育法によれば、「社会教育の定義」として、「学校の教育課程として行われる教育活動を除き、主として青少年及び成人に対して行われる組織的な教育活動」と記されており、社会教育は教育機能に限定されている。しかし、社会教育の中心施設である公民館の目的については、「住民の教養の向上、健康の増進、情操の純化を図り、生活文化の振興、社会福祉の増進に寄与することを目的とする」とされており、教育・文化活動から拡張して、健康・福祉の活動も含まれている。さらに遡って、1946年の文部次官通達「公民館の設置運営について」では、「公民館は郷土振興の基礎を作る機関」であると規定されており、今日言うところの地域づくりも担うことが期待されている。以上のことはよく知られているところであるが、社会教育は教育概念なのか、教育を超えた領域を横断する概念なのか、論争の火種となってきたところである。
　本書においては、社会教育は法概念として教育概念であることを前提にしつつ、社会的機能としてみると、健康・福祉や地域づくりの機能と重なり合い、あるいは部分的に融合した概念であるという立場に立っている。この立場からすると、社会教育関係職員は、教育的観点から、社会教育と健康・福祉と地域づくりをつなぎ、個人の成長・発達、自己形成に関与しながら、コミュニティにおける「善き状態」（ウェルビーイング）を実現する、つまりコミュニティの「共通善」を実現するという専門的な仕事に携わることが期待されている。

社会教育法上、社会教育関係職員の中軸となるのは社会教育主事である。社会教育主事の職務は、法律上、「社会教育を行う者に専門的技術的な助言と指導を与える」ことと、「学校が社会教育関係団体、地域住民その他の関係者の協力を得て教育活動を行う場合には、その求めに応じて、必要な助言を行うことができる」こととされている。近年は、政策的に、「学校と地域の連携・協働」における社会教育が果たす役割（生涯学習審議会答申「新しい時代の教育や地方創生の実現に向けた学校と地域の連携・協働の在り方と今後の推進方策について」2015年12月）、社会教育の「地域コミュニティの維持・活性化への貢献」（学びを通じた地域づくりの推進に関する調査研究協力者会議「人々の暮らしと社会の発展に貢献する持続可能な社会教育システムの構築に向けて論点の整理（概要）」2017年3月）が強調されている。地域住民への学習支援だけでは、行政における社会教育の存在意義が認められなくなったことが政治的な背景としてあるだろう。

このような動きと連動して、社会教育主事養成のカリキュラム改訂がなされた。主な改正点は、社会教育計画を廃止して生涯学習支援論と社会教育経営論の科目を新設したこと、養成課程では社会教育実習が必修となったこと、社会教育主事講習、養成課程の修了証書授与者は「社会教育士」と称することができることになったことなどであり、2020年4月1日から施行される。生涯学習支援論は個人の学習支援に対応する科目であり、社会教育経営論は、地域づくりや学校と地域の協働事業に対応する科目として新設された。

「社会教育士」という新たな資格の創設は、その専門性がいまだ未知数であるが、領域を横断して、社会教育と福祉と地域づくりをつなぐような新たな専門性をつくり出していく可能性を開くかもしれない。社会教育主事は法的に教育専門職として規定されているので、NPOや福祉、地域振興など他の部局との連携・協働が強調される。一方、「社会教育士」は、それほど楽観視することはできないとはいえ、NPOが担ったり、福祉、地域振興などの機能を包摂した職務を担うことができるかもしれない。

社会教育主事とは違う公民館主事は、法的に専門職としての規定はないため、社会教育法の公民館の目的規定に従って、その専門性の内実を考えなけれ

ばならない。そのように考えると、公民館主事は多様な形で、それぞれの自治体の事情に応じて多様な機能を担っているが、社会教育と福祉と地域づくりをつなぐという意味では、法的に制約された社会教育主事よりも可能性を持った職であると言うことができ、「社会教育士」と関連づけて、その可能性について探求することができる。

　このような日本における社会教育の専門職としての概念的実践的な広がりを考察していく上で、海外との比較研究は重要である。専門職の在り方と、その担う機能については国によって多様性があるとともに、専門職として制度的に確立しておらず、一般の職員やボランタリーな地域リーダーが、社会教育と福祉と地域づくりをつなぐような役割を果たしている国もある。いくつかの国の専門職あるいは地域リーダーについて、社会教育と福祉と地域づくりをつなぐという観点から考察し、日本が参照できるような論点を多少なりとも提示したい。

　たとえば、フィンランドの場合、社会教育学の概念はかなり広く、日本のように社会教育を教育の範疇にとどめることなく、教育、福祉、保健・医療などの機能が密接に絡み合って、人びとの幸福と成長に向き合った仕事をしている。日本では、社会教育の専門性を教育の範疇でとらえなければ社会教育の枠組みがあいまいになるという見方があり、確かに現在の制度的な枠組みの中ではあり得ることだが、フィンランドのような国では、日本とはまったく異なる仕組みがどのように可能となったのか、探求することによって、日本もそれを参照することができるのではないかと思う。

　基本的には本書では、社会教育と福祉が結びついた活動を通して地域づくりを行っていく、そして、それを組織化し、あるいはサポートしていく職員やリーダーの機能に着目して、新たな広がりのある職員像を描きたいと考えている。全面的に職員にフォーカスしているわけではないが、社会教育・福祉・地域づくりの活動に関連して職員やリーダーがどのような機能を担っているのか、担うことが期待されるのか、考察することを目的としている。

1. 社会教育と福祉と地域づくりの関係性

　かつて社会教育の観点から教育福祉論を提起して、歴史的、理論的、実証的に深く考察した研究者は、周知のように小川利夫である。小川が最初に「教育福祉」という用語を用いたのは1972年であるとされているので[1]、50年近く前のことになる。小川は教育福祉を次のように定義づけている。

　　　教育福祉は、今日の社会福祉とりわけ児童福祉サービスのなかに、実態的にはきわめて曖昧なままに放置され、結果的には軽視され剥奪されている子ども・青年さらに成人の学習・教育権保障の体系化をめざす概念である[2]。ここで教育福祉は、福祉サービスの中で忘れられてきた、主として子ども・青年の教育権保障の概念として定義づけられている。

　この解釈を継承しつつ辻浩は、「教育福祉とは、教育と福祉が連携して、子ども・若者あるいは成人が安定した生活基盤のもとで豊かな人間発達を実現することをめざす概念である」と定義し、それはまた「教育全体のあり方を見直す視点」であり、「地域づくりの視点を提供するもの」であると把握している[3]。小川による権利論からの教育福祉論を継承しつつ、地域づくりの視点を加えて定義づけている。辻は、教育福祉を「教育と福祉の連携」という観点から捉えているが、小川は、「連携」という用語は使わず、「教育と福祉の権利を統一的にとらえる」[4]ことを主張している。よく知られている小川の名言、「福祉は教育の母胎であり、教育は福祉の結晶である」[5]は、連携というよりも、教育と福祉の統合を示していると思われる。ちなみに筆者は、社会教育福祉を「コミュニティにおける社会教育と福祉の融合もしくは統合」[6]と説明している。「融合」は社会教育福祉を機能論的に把握しようとしたものであり、「統合」はそれを構造的に把握しようとしたものである。

　この点に関わって、白水浩信は、教育と福祉の連携について、教育の語源を歴史的に再検討することによって批判的に分析し、「〈教育(education)とはその原義において〈養生〉であり、まさに〈生〉を快いと感じることができる

〈福祉（well-being）〉そのものである」という結論を引き出している[7]。教育と福祉の連携ではなく、「〈教育（education）を〈福祉（well-being）〉そのものとして再定位する試み〉」[8] である。このように解釈すると、教育と福祉の概念的関連性がより明確になるが、法制度的な概念としては、その区別と関連性が見えにくくなる。「教育と福祉の連携」という用語が政策的に用いられる所以である。

　先述したように、本書で構想する社会教育関係職員は、社会教育的価値の観点から、コミュニティにおける「善き状態」（ウェルビーイング）を実現する、つまりコミュニティの「共通善」を実現することを目的として活動する役割を担う者である。この場合、ウェルビーイングという観点から、白水が結論づけたように、「教育は福祉そのものである」という理解を共有して、社会教育は福祉そのものであると言うこともできる。筆者はその在り様を「社会教育福祉」という概念として提示した。そして社会教育関係職員は社会教育福祉の実践を通じて、コミュニティの「共通善」を実現するような地域づくりにも関与していくのである。実際、少なからぬ公民館主事等の社会教育関係職員が、各地で、教育文化事業のみならず、このような教育の範疇を超えた領域横断的な実践に携わっている。私たちは現在、その事実に目を向け、そのような実践を理論化することに傾注することが求められている。

　教育福祉論は主として子ども・青年を対象として論じられてきた。したがって、学校教育の在り方と深く関連する概念である。学校教育の側から教育福祉を実践的に担ったのは、高知県の福祉教員が嚆矢であったろう。彼らは、貧困にあえぐ子どもたちの学校教育への包摂と、その子どもたちの生存・生活保障との狭間で、矛盾を抱えながら煩悶し教育現場で格闘していた。その当時、「人びとの生産の営みからそう遠くない場所に教育があり、教師がいた」が、時代を経て、「教育という営みは生活や生産の営みから次第に隔離されて結びつきを失い、官僚制化していった」[9]。そして1970年代半ばに福祉教員制度は終焉したが、それは学校教育が福祉から遠ざかったことの反映であったろう。現在、文部科学省は、「チーム学校」によって、学校教育と福祉を連携させようとしているが、「教育は福祉そのものである」という本質的な問いかけが欠如して

いたなら、単なる教育と福祉の機能分担に終わる可能性もある。

　社会教育の場合も、第二次世界大戦後、学校教育と同じような道をたどってきた。異なるのは、教師は教育の専門職として法制度的に確立されているのに対し、社会教育の専門性は必ずしも確立されているわけではなく、特に公民館主事は、「社会福祉の増進、健康の増進に寄与すること」をミッションの一つとしており、教育活動と社会福祉・健康の増進を結びつけた実践が求められてきたという点である。とはいえ、学校教育と同様、社会教育も福祉から離れ、そのような教育の現状から、教育福祉論が提唱されてきた。

　小川は、「日本の福祉は教育の問題を真剣に考えてこなかった」「教育についても同じで福祉問題を自分の問題だとは考えていない」と述べ、「教育、福祉、医療の問題をお互いが知り合う必要がある。その語り合う場を地域のなかに日常的につくりだしていく。公民館はそのひとつの重要な拠点になる必要がある」と論じている。教育福祉を構築していくためにも、「社会教育が福祉と本当に結びつくこと」[10]を小川は切に願っていたのである。これはまさに社会教育福祉の提案である。すなわち社会教育福祉は、教育福祉を学校や地域で実現していくために、その母胎となる概念であると言ってよい。

　こうして社会教育と福祉がつながることによって教育福祉が実現する礎が形成されていくとともに、コミュニティにおける「善き状態」（ウェルビーイング）を実現するための地域づくりがなされていく。そして地域でこのような仕事に取り組んでいくのが社会教育関係職員、とりわけ公民館主事である。この関係を図示すると、図序 -1 のようになる。

2. 社会教育と福祉と地域づくりをつなぐ社会教育職員の専門性

　ゲルマン諸国のいくつかの国々には、Social Pedagogue（社会教育者、スウェーデン）という専門職が存在し、後述するように、教育的観点から、教育・文化、福祉、医療、Community Development 等、幅広い領域の仕事に携わっている。縦割り行政の矛盾も見られるが、それを乗り越えて、汎用性を持った資格として、日本における今後の社会教育士の在り方を考える上でも参

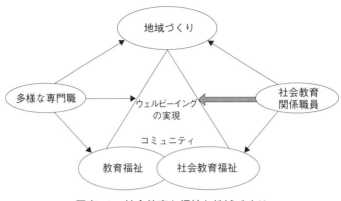

図序-1　社会教育と福祉と地域づくり

照できるモデルである。

　日本では、社会教育主事が類似した資格のように思われるが、先述したように、その職域は Social Pedagogue と異なり、ほぼ教育・文化に限定されている。教育の専門職として法的に規定されているからである。近年は、まちづくりのコーディネーターとしての役割が政策的に強調されるようになってきたが、むしろ公民館主事の方が、汎用性を有するという点では、Social Pedagogue に近い職種と言えるかもしれない。このような事情に鑑み、本節では、社会教育と福祉と地域づくりを関係づけ、人びとの自己実現・人格形成とコミュニティにおける「善き状態」（ウェルビーイング）を実現する社会教育職員として公民館主事に着目し、事例を通して考察する。

　筆者は以前、社会教育福祉を実践している典型的な自治体として、長野県松本市、島根県松江市、福岡県北九州市の事例を紹介し、若干の考察を行った[11]。北九州市の市民センターは、そのミッションとして、生涯学習と福祉とまちづくりが掲げられており、市民センター職員はそれらを関連させつつ、あるいは融合させて、地域にウェルビーイングを実現するための創造的かつ幅広い実践に取り組んでいる。松本市も、公民館の理念として、社会教育と福祉と地域づくりを掲げているが、福祉については「福祉ひろば」が公民館と同じ地区ごとに設置されているため、両施設の連携によって地域福祉活動が担われている。

公民館主事は、社会教育の専門職として、住民主体のもとで地域課題の解決に向けた学習を意識的に取り組みつつ、地域づくりの中核を担っている。松江市は、地区社会福祉協議会（以下、地区社協）の事務局を公民館が担うとともに公民館長が地区社協の役員を務めており、公民館と地区社協が緊密に連携することにより、社会教育と福祉とまちづくりの活動が融合して実践されている。公民館主事は、その全体を見渡しながら事業をコーディネートする役割を果たしている。

　いずれの自治体も、公民館あるいは市民センターを拠点にして、社会教育と福祉と地域づくりを関連づけた実践を創造・展開するシステムを、それぞれの自治体固有の仕方で構築しており、参照すべきモデルである。しかし、それぞれのシステムに応じて、公民館主事あるいは市民センター職員の仕事の仕方と専門性の内実が異なっていると思われる。公民館主事の職務と専門性の内実を一般化することは避けるべきである。

　3つの自治体ともに、教育委員会の方針として、公民館主事もしくは市民センター職員が社会教育主事講習を受講し、その力量形成の重要なステップとして位置づけて、研修と資格取得の機会を保障している。しかし、制度上の運用は異なり、北九州市の場合は、社会教育主事講習を受講した後、その中から一部の職員が嘱託の社会教育主事として発令され、教育委員会事務局に配属されるというキャリア形成の道をつくっている。松江市では、1館に3〜4人配属されている公民館主事の7割は、社会教育主事講習を受講した修了者であり、基本的に公民館主事全員に社会教育主事講習を受講する機会を保障している。2015年度からは、公民館社会教育主事制度を発足させ、各館に1名ずつ配置されている主任と、大規模公民館に6名配置されている主幹（うち1名は教育委員会事務局所属）に、社会教育主事を委嘱している。指定管理者に雇用された公民館主事であるため発令ではない。一方、松本市は制度上の位置づけはないが、公民館主事の力量形成のための前提的な研修として社会教育主事講習を位置づけ、月2回の公民館主事研修会をはじめとする多様な研修と、住民との共同的な学びへと発展していく基礎となっている。

　しかし、共通して言えることは、公民館主事等が、社会教育と福祉と地域づ

くりを関係づけ、住民の自己実現・人格形成と、地域にウェルビーイングを実現する仕事において、彼らが社会教育の価値とパースペクティブを習得する機会を保障することは重要であるというスタンスをいずれの自治体も有していることである。社会教育職員が、教育・文化の領域のみならず、福祉や地域づくりの領域へと仕事の視野を広げていくとしても、仕事のコアとなるのは社会教育であり、社会教育的価値をもって実践に取り組んでいくのである。

　松本市の公民館主事は、「地域のなかで、良いことも嫌なことも受入れ、認め合える関係づくり」をし、「世間話・交流活動・会話から、暮らしの悩みごと、困りごとを共有化」して、「幅広い地域課題を見つめ、学習という切り口から課題解決に向けた取組みを住民とともに実施」[12]していくことを職務として掲げている。松本市では、公民館主事と地域住民との日常的な関わりの中に学びがあり、それを通じて地域課題を解決し地域づくりを行っていくことが期待されているのである。ここには公民館主事としての柔軟性と創造性を見いだすことができる。

　基本的なスタンスは、他の２つの自治体でも同じである。しかし、松江市では、公民館の事業は専門部と関係団体が担っており、公民館主事は、主として専門部と関係団体の会議に参加し、その構成員との関わりの中で地域課題を共有し、全体を俯瞰するコーディネーターとしての役割を果たしている。松本市に比べて、専門部や関係団体との関係性が強固な中での公民館活動であり、公民館主事の仕事の枠組みがある程度定まっており、個々の公民館主事の創造性を発揮しにくい点に違いがみられる。北九州市の場合は、市民センターに主事というポジションが存在しない。館長が施設経営も事業の計画・実施も一人で責任を負い、ほかの職員は事務職である。事務職員も事業の実施をサポートするが、基本的には市民センター館長が、館長と主事を併任しているという職務形態である。経営戦略を考えながら事業を企画・実施できるというメリットがあるが、公民館事業の実施を共に行う協働職員がいないという問題がある。

　以上、社会教育と福祉と地域づくりをつなぐ公民館活動の３つのタイプの自治体における理念の共通性、しかし、その理念を実現するシステムの違いとそれに応じた職員の職務内容の違いについて考察してきた。以下では、そのシス

テムの中で公民館主事がどのような働きをしているのか、松江市を事例に検証してみたい。松本市と北九州市については、すでに筆者が別の論稿で考察しており、ここでは福祉関係者から注目されている松江市の実践を社会教育の観点から検討する。

3. 松江市における社会教育と公民館主事の専門性の構造

　松江市では、財政再建団体に指定されたことを契機に、1966年に公民館の公設自主運営方式を始める。2006年には指定管理者制度を導入し、各地区の公民館運営協議会を非公募の指定管理者として、公民館の管理運営を委ねている。現在、28の指定管理者制度による公民館と4つの直営方式の公民館がある。旧町村の合併地区が直営方式だが、いずれ指定管理者制度に移行する予定である。

　松江市の公民館の特徴の一つは、住民が公民館協力費を負担していることである。金額は、年額350円から3,000円と大きな差がある。「税金の二重負担」という批判的な声もあったが、現在は多くの市民の理解を得ているという。

　職員は、教育委員会の任命による非常勤特別職である館長、各地区の公民館運営協議会が採用する主幹（大規模公民館のみ）、主任、主事2名で構成されている。既述のように、主幹と主任は2015年から公民館社会教育主事として委嘱されている。その職務は、(1)広域課題に対応した事業の企画立案に関すること、(2)学校等教育機関との連携・協力に関すること、(3)生涯学習関係団体との連携・協力及び活動支援に関すること、(4)公民館事業のマネジメント・サイクル（PDCA）実施に関すること、とされている[13]。この制度化によって、公民館主事の職務が大きく変わったわけではない。ただ、社会教育主事という委嘱を受けたことによって、社会教育の専門職であるという公民館主事の自覚や仕事への構えがプロモートされることが期待されている。

　公民館の主催事業はすべて、地域住民からなる専門部が担っている。H公民館の場合、専門部は、総務部、成人部、青少年部、幼児部、文化部、健康福祉部、人権教育推進部、環境部で構成されている。この構成は公民館によって少

しずつ異なっている。これらの専門部が公民館のさまざまな事業を企画し実施している。たとえば青少年部では、子ども広場、ドッヂボール大会、子どもキャンプの集い、公民館文化祭への参加、科学で遊ぼう、子どもかるた大会、学童将棋大会といった事業を行っている。主事は、これらの専門部の会議に出席し、企画や運営への助言を行ったり、会計、広報など事務的な作業の一部に携わる。専門部間の連絡調整も行う。主事のみで独自に企画する事業はない。

　もう一つ、主事の大きな職務は、地区の地域団体の事務局を担い、地域団体と連携して、さまざまな教育、福祉、まちづくりの活動を展開していることである。H公民館の場合、18団体あり、そのうち次の10団体の事務局を公民館が担っている。自治会連合会、地区社協、まちづくり推進協議会、青少年育成連絡協議会、子ども会育成連絡協議会、人権教育推進協議会、あんぜんあんしんネットワーク、体育協会、交通安全対策協議会。事務局と言っても事務のすべてを背負うわけではなく、地区によっては事務局をほとんど担っていないところもある。

　地域団体の中でも、最も重要な役割を果たしているのが地区社協である。松江市の大きな特徴として語られるのは、公民館を拠点とした地域福祉活動であり、その実施主体は地区社協であるが、公民館がその活動の土台となっている。たとえばH公民館における2018年度の事業計画では、次のような事業を行うことになっている。(1) 第5次地域福祉活動計画の策定、(2) 地域福祉の推進—高齢者福祉事業の推進、児童福祉・障がい者福祉事業の推進、子育て支援事業の推進、小地域福祉ネットワーク活動の推進、福祉推進員活動の強化拡充、高齢者の健康・生きがい対策の推進、「健康まつえ21推進事業」の取り組み、認知症対応策の実施、(3) 災害時に於ける地域での助け合い事業の推進、(4) ボランティア活動の推進、(5) 公民館等、地域団体との連携強化など。これらは地区社協の事業であるが、ある意味では公民館活動の一環であると言ってもよい。

　主事はもちろん事務局を担うだけではない。主事本来の仕事は、事業の企画を援助したり、諸団体の全体を俯瞰してコーディネートしたりすることであり、そのためにも住民に声をかけて住民とのコミュニケーションを大事にす

る。行政からの支援が必要な時は、主事が団体と行政の橋渡しをする。実際のところ、松江市の公民館と地域団体との関係は「連携」という以上に深い関わりがある。誤解を恐れずに言えば、団体の事業は公民館事業であると言ってもよい。したがって、松江市の公民館活動は、住民が主体となった専門部と地域団体の活動によって成り立っていると言うことができる。

主事は、多くの事務局を分担して担っているため、高い事務能力が求められる。また、行政がすべき責任領域を除いて、およそ地域に関わるすべての領域、事柄にわたって、主事は何らかの関与をしており、地域全体を俯瞰し、地域経営を考えることができる視野と経営戦略が求められる。その際、社会教育主事、公民館主事として、社会教育的価値をコアに置いて仕事をする構えを持つことが重要である。

たとえばⅠ公民館の主事は、次のように語ってくれた。

> 学べることが嬉しく、社会教育主事講習にはとてもわくわくして受講しました。企画力やファシリテーション力など学ぶことがたくさんありました。地域課題を住民から引き出し、地域課題を見据えながら、それを解決するためにどうしたらよいのか、住民と一緒に学んでいくことの大事さなど。地域が元気になるためにはどうしたらよいのか、ということを一番考えています。そのためにも地域の人たちをつないでいく、たとえば小中学生や若い人たちに参加してもらって、地域の中に交流をつくりだしていきたいと思っています。そのようなことをいつも考えながら仕事をしています。

公民館主事のこのような思いは、まさに社会教育のパースペクティブそのものであり、主事は専門部や団体の事務作業を抱えつつ、諸活動の中に社会教育の価値を据えようとしているのである。このように松江市の公民館主事の専門性は、住民主体の学習活動、福祉活動、地域活動を支える「扇の要」としての役割の中に見いだすことができる。その役割を果たすために、事務能力、コーディネート力、企画力、コミュニケーション能力、地域住民との信頼関係をつくる能力などが求められ、住民主体による地域ガバナンスを推進するガバナンス力も求められるのである。

松江市における公民館主事の専門性の構造は、一言で言えば、多元的な地域活動の統合である。教育的な専門性は前面に出ず、多元的な地域活動の中に埋め込まれている。公民館主事は、多くの専門部や地域団体が主体的に活動すべく、事務的なサポートをするとともに、社会教育的観点からその活動を支援し、これらの多元的な活動が、公民館活動として総合的に行われていくように統合しプロモートする。事業を企画するような教育的専門性は弱いが、公民館を拠点に多元的な実践共同体が形成され、その中で共同学習が育まれていく「扇の要」としての専門性を見いだすことができる。

4. 海外の社会教育関係職員との比較 ― スウェーデンと韓国の場合 ―

　スウェーデンには、Social Pedagogue（社会教育者）という専門職が存在し、教育的観点から教育、福祉をはじめとする幅広い領域の仕事に携わっている。松田弥花によれば、主な職場として、コミューン（kommun：基礎自治体）や県における、児童・家族・移民／難民・障害者・高齢者支援業務、（成人の依存症・犯罪者・若者などを対象とした）更生施設、刑務所、少年院、ユースセンターやユースワーク、学校、文化施設などがあるという。さらに「上記と同領域の非営利組織や民間企業」で働く社会教育者もいる。その他に、「子ども・若者支援を行う「フィールドワーカー」や、特別なニーズがある子どものための支援者として学校に勤めることも多い」[14] とされている。
　これを見ると、日本語に訳せば「社会教育」という共通の用語になるとはいえ、職務内容は随分異なっている。教育よりも福祉・医療分野に近い領域で働いている方が多い。とはいえ、日本の社会教育とほぼ同様の領域で仕事をしている者もいる。スウェーデンの Social Pedagogue は、Social Pedagogy（社会教育学）という学問分野に理論的基礎を置いているが、福祉的な要素を包摂した教育学、あるいは「教育学を基盤とした社会福祉」[15] というような性格の学問である。そのルーツはドイツにあり、そのため、当初はゲルマン諸国に普及していったが、現在では理論として欧米諸国に広がっている。
　Social Pedagogy という理論、それに基づく Social Pedagogue という専門

職は汎用性が高く、伝統的な学問領域、特定の行政組織に収まることなく、教育、福祉、医療、Community Development にまたがる職業に対応している。なぜこのような汎用性が可能となったのか、筆者にはその歴史的背景はわからないが、少なくとも実践現場では、教育学、福祉学、社会学を総合的に学んだ専門職を必要としているということは言えるであろう。ただ、松江市の公民館主事のように、1人で社会教育、福祉、地域づくりにまたがって仕事をするのではなく、社会教育者はどこか特定の職種にフィックスされるのであり、選択できる職種に汎用性があるということである。したがって、選択して就いた職種については専門性を深めることができる。

　筆者はかつて、異なる職場で働くスウェーデンの社会教育者にインタビューし、若干の考察をしたことがある[16]。基礎学校（9年制）で学習が困難な子どもたちをケアし支援する社会教育者、精神的に疾患があったり機能が低下している青年のために、学習指導や職業教育、進路指導をする青年センターで働く社会教育者、難民の子どものためのグループホームで働く社会教育者、ファミリーホーム（里親制度）で働く社会教育者、起業して基礎学校の教師の研修を行っている社会教育者、日本で言うところの児童館（地域の子どもは誰でも来る）で働く社会教育者などである。最後の児童館は日本の社会教育とまったく同じ仕事であり、青年センターも日本の社会教育に近いが、全体としてみると福祉系の職場が多い。しかし、いずれも相手との関わりの中で、その成長に伴走する仕事であり、そこに教育学の素養が活かされている。

　スウェーデンでは、Social Pedagogy の解釈に関して、教育と福祉の関連構造をめぐっての議論がなされてきたが、Social Pedagogue の専門性もその議論に規定されている。Social Pedagogue の資格としての専門性は汎用性が高いが、特定の職場で仕事をすることにより、その職場に適応した専門性を獲得していく。既に在学中にどの職種に進むのかが決まっていれば、実習科目などで、その職種に即した専門的な学習を行う。あるいはカリキュラム上、いくつかの選択コースが設定されていれば、最も適したコースを選択して学修するのである。したがって、Social Pedagogue の専門性は二層から成り立っていると言える。Social Pedagogue の資格に即した広い専門性と、Social

Pedagogue として特定の職に就いた時に求められる深い専門性である。

　アジアで社会教育関係職員の資格制度があるのは、日本以外では韓国だけである。韓国では、日本の社会教育主事制度も参照しつつ、平生教育士という資格制度をつくっている。養成・研修のシステムを整備して平生教育士の量的拡充がなされ、「近年の平生教育士の雇用状況を見てみると、量的拡大と共に多様な領域に雇用が広まりつつある」と指摘されている。国として平生学習都市事業、地域平生教育活性化事業、疎外階層平生教育支援事業などの多様な平生教育関連事業を実施していることも、さまざまな領域での雇用を促している。その点、主として教育委員会事務局に配属されている日本の社会教育主事とは異なっている。その専門職の性格として、「職員の多元的専門性が求められている」「今日まで関連分野の全てで使用することができる汎用資格として平生教育士制度は運営されている」と言われている。しかし、「平生教育士の職務領域の多様化に対する議論」は継続的になされており、「資格の'汎用性'VS. 領域の'分化'」という議論がなされてきた。その点について梁炳賛は次のように述べている。

　　　平生教育士の資格制度は、平生教育機関における教育課程の開発・運営・評価を基本職務としている。この時平生教育機関は、機関の特性によって多様な対象と内容を専門的に扱うことができるため、平生教育士たちは実際に自分たちが働く機関のもつ性格によって、その専門性に違いが出るほかない。このような状況によって、平生教育士の専門性は汎用性と領域の専門性に関して論争が出てくることとなった。

　つまり平生教育士の汎用性をめぐる論争は、平生教育士の専門性をどのように把握するのか、という問題に帰着する。専門性と制度的位置づけをめぐって、これまで国、大学、実践現場等「利害関係者たちの意見の衝突と交渉」がなされてきたという。このような議論を経て、近年、平生教育士の専門職としての制度的位置づけをめぐり、「さまざまな関連団体が連帯し、国会に対して平生教育法の改正を要求」[17] しているとのことであるが、その専門性をどのように捉えるのかという本質的な議論も継続して行っていく必要があるだろう。

ところで韓国は、教育福祉事業を重視して取り組んでおり、李正連はソウル市地域福祉センターの活動について紹介、考察している[18]。ソウル市では、支援対象校に地域社会教育専門家（教育福祉士）を配置し、学習に困難を抱える子ども達へのサポート、地域との連携事業、オープンカフェの開催など、学校と地域における教育福祉ネットワークの基盤づくりをしている。地域社会教育専門家は、教育と福祉を統合した職務を担っているが、制度的位置づけが弱く、さまざまな困難を抱えているという。しかし、地域によって具体的な成果も現れており、日本の教育福祉への実践的な示唆となっている。

おわりに

かつて公民館は、教育施設として福祉や地域づくりと一線を画していた時代があった。現在は、多くの公民館が、住民の学習活動を土台にした福祉活動（限定されてはいるが）や地域づくりの活動を創造的に実践している。公民館職員の専門性は、実践現場の現状を踏まえて再定義されなければならないように思われる。その点では、日本よりも韓国の方が活発な議論を行っているように見える。

公民館職員の雇用形態も変化してきている。指定管理者制度のもと勤務条件が悪くなる中で、大きな矛盾を抱えつつ、広がりのある豊かな実践を開拓している職員も少なくない。北九州市のように、公民館が廃止され市民センターに衣替えをしても、職員は社会教育的視点を持って仕事をしている地域もある。このような事例は、社会教育の原理論からすると、批判的な視座を持って見られるべきものであるかもしれない。

しかし、現場の職員は、矛盾や困難を抱えつつも、地域の課題に真摯に向き合い、地域住民の自己実現・人格形成とコミュニティにおける「善き状態」（ウェルビーイング）を実現する社会教育職員として日々仕事をしている。このような仕事に従事しているのは公民館職員だけでなく、多かれ少なかれ他の社会教育職員にも言えることであろう。社会教育主事養成のカリキュラム改訂がなされたが、その改訂内容を見ると、このような社会教育現場のリアルな実

態に必ずしも応えるようなものとは言いがたい。

　今後、NPO や企業等も含めた社会教育関係職員の「多元的専門性」（梁炳贊）を明らかにしていくことが求められている。本章では、「多元的専門性」を構成する 3 つの領域、社会教育と福祉と地域づくりの関係性について考察し、松江市の事例をもとに、公民館主事の専門性の構造を検討した。最後に、スウェーデンと韓国における社会教育関係職員の専門性に関して、その汎用的な性格について論じた。このような本章で提示した視点を踏まえて、本書では各章での観点から、社会教育関係職員の専門性の「いま」を明らかにすべく、考察していく。

注
1) 遠藤由美「「教育と福祉の谷間」を問うて見つめて ― 小川利夫教育福祉論の形成と特質 ―」小川利夫・高橋正教編著『教育福祉論入門』光生館、2001 年、p.220。
2) 小川利夫「教育福祉の意義と概説」、同上、p.2。
3) 辻浩『現代教育福祉論』ミネルヴァ書房、2017 年、p.1。
4) 小川利夫「教育福祉の意義と概説」、前掲、p.3。
5) 小川利夫「はじめに」小川利夫・大橋謙策編著『社会教育の福祉教育実践』光生館、1987 年。
6) 松田武雄「はじめに」同編著『社会教育福祉の諸相と課題 ― 欧米とアジアの比較研究 ―』大学教育出版、2015 年。
7) 白水浩信「教育・福祉・統治性 ― 能力言説から養生へ ―」『教育学研究』第 78 巻第 2 号、2011 年、p.58。
8) 同上、p.55。
9) 倉石一郎「生活・生存保障と教育をむすぶもの／へだてるもの ― 教育福祉のチャレンジ ―」『教育学研究』第 82 巻第 4 号、2015 年、p.60。
10) 小川利夫「地域に根ざす社会教育・生涯学習と福祉の実践」、前掲書『教育福祉論入門』、p.139。
11) 松田武雄「序章　社会教育福祉の諸相と課題」、前掲書『社会教育福祉の諸相と課題』。
12) 高橋伸光「公民館、地域福祉、そして地域づくり」日本公民館学会第 16 回研究大会発表資料、2017 年。
13) 松本祥一「松江市の公民館の現状と課題」『日本公民学会年報』第 14 号、2017 年。
14) 松田弥花「スウェーデンにおけるソスペッド（Social Pedagogue）養成課程に関する考察」『社会教育職員養成と研修の新たな展望』（『日本の社会教育』第 62 集）、東洋館出版社、

2018 年。
15) 同上。
16) 松田武雄『コミュニティ・ガバナンスと社会教育の再定義』福村出版、2014 年。
17) 梁炳賛「韓国平生教育専門職員制度の成立と発展」、前掲『社会教育職員養成と研修の新たな展望』2018 年、参照。
18) 李正連「韓国における学校と地域の協働による地域教育福祉ネットワークの構築」『社会教育と福祉とコミュニティ支援の比較研究』第 2 集（科学研究費基盤研究（B）研究成果報告書、代表者・松田武雄）、2018 年。

第1章
地域・公民館における社会教育と社会福祉の連携・協働
— 公民館地域アセスメントを手がかりに —

はじめに

　本章では、地域社会における社会教育と社会福祉の連携・協働を進めるにあたって、公民館地域アセスメントを手がかりに公民館・公民館職員の役割についての課題を整理しようとするものである。

　今日、地域社会においては、社会教育と地域福祉の結合は焦眉の課題である。この点は、指摘するまでもないことだろう。したがって、地域福祉計画の中に公民館の果たす役割を盛り込んでいる場合も見受けられる。一方では、社会教育計画が策定されていないために、公民館側からの地域福祉へのアプローチは曖昧であり、両者の連携・協働の有り様は、当該自治体内の行政担当間の力関係によって規定されているケースが少なくない。

　地域社会における公民館への期待は、何も地域福祉に限られたものではない。別稿でも指摘したが[1]、国の各省庁は各々にコミュニティ政策を有し、明示はなくとも公民館への高い期待があることを看取できる。高い期待の理由は、公民館の使い勝手のよさにあると推測される。地域社会の中で、公民館数は減少傾向にはあるものの、学校以外に地域施設としてほぼまんべんなく全国的に配置されている。逆に言えば他の公共施設が統廃合されたことによって、地域社会において公共施設は公民館しかなくなったからだとも言える。

　ここで問われなければならないことの1つは、公民館の使い勝手がよいことと、公民館の役割についての評価がイコールであるとは限らないことである。

なぜなら公民館が重要であるのならば、日本の地域の隅々にまで公民館の充実をはかり設置が促進されるはずであろう。また公民館職員が地域社会にとって有効な役割を果たしているのであれば職員体制の充実策がとられるはずである。だが現実にはそうなっていない。そこに各省庁の公民館観が反映されている。その代表的な意見が、公民館をもっと使い勝手をよくするための社会教育法の規制緩和やコミュニティ・センターへの衣替えである。公民館に対する期待と実態との乖離はなぜ起きるのであろうか。そこにはどのような問題が横たわっているのだろうか。

本章では、最初に国のコミュニティ政策をみてみたい。別稿では2010年前後の時期に着目したが、本章ではそれ以降の今日の段階までのものを概観する。その上で、地域アセスメントを手かがりとしながら、公民館・公民館職員のもつ可能性と課題について考察していきたい。

1. 国のコミュニティ政策の動向

国の各省庁は、2000年代後半から2010年代前半にかけて、コミュニティ政策づくりのための研究会を組織し、高齢社会対策のためのコミュニティ政策策定に邁進してきた。それは、1990年代以降のグローバリゼーションの裏側の問題として地域社会の疲弊化が進み、その対応策しての地域政策という性格を持っていた。

それから10年近く経過した今日では、人口減少問題とそれの解決策である地方創生策を梃子として、新たな段階へと進みつつあるように思われる。その基本は、1つは地域におけるコミュニティ集団の経営論の登場である。本格的な人口減少社会を迎えたことによって、自治会・町内会等の既存地域集団の再編だけではなく、新たなコミュニティのマネジメント策の開発に着手するに至った。2つには、既存公共施設の利活用である。公共施設管理計画によって学校も含めて公共施設の統合・廃止が進められているが、公共施設の機能的再編によって地域社会で生起する諸問題に対応しようとする姿勢をみることができる[2]。

(1) まず厚生労働省の動向である。厚生労働省は、地域社会における「孤独死」予防のために、2007年段階では「高齢者が一人でも安心して暮らせるコミュニティづくり推進」[3] を掲げていた。それから10年後の2017年には「地域共生社会」の実現にむけた「新しいステージ」に入ることを提唱している。高齢者のみならず、生活困窮者、障害者、子ども・子育て家庭も含めた包括的支援体制の構築を目指している。

その象徴的なフレーズが「我が事・丸ごとの地域づくり推進」であり、地域力強化推進事業の展開である。現状認識として次のように述べている。

> ○基盤となる地域社会そのものは、少子高齢・人口減少社会が進展する中で、自治会・町内会の加入率は減少し続け、地域で課題を解決していくという地域力、あるいはお互いに支え合い共生していけるような地域の福祉力が脆弱になりつつある。それに伴い、家庭の機能も変化しつつある。加えて、雇用など生活をめぐる環境も大きく変化してきている。また、単身世帯の増加により、賃貸住宅への入居時の保証の問題、入院時の対応や看取り、死亡後の対応など成年後見を含め新たな生活支援が求められている。
> ○一方、地方創生の取組の中で、地域には今まで存在しながら光が当たらなかった宝（「知恵」「人材」「資源」）があることに気づき、それを最大限引き出し、自分たちが住みたい地域を自分たちでつくる、地域でできることを探し、活かし、発展させていく地域づくりの取組が各地で進められている。そこには、地域の文化や環境、地域経済の持続可能性をどのように確保していくか、という危機感と同時に、将来への希望がある。（中略）
> ○様々な課題に直面している地域そのものを元気にしていこうという地域創生の取組と、誰もが安心して共生できる地域福祉を推進しようという取組は、決して別々のものではない。生活の基盤としての地域社会が持続可能であることが、地域福祉の基盤として不可欠であるし、地域福祉によって地域生活の質が向上することで、そのことが地域の活性化に「還元」されていく。いわば、福祉の領域だけではなく、商業・サービス業、工業、農林水産業、防犯・防災、環境、まちおこし、交通、都市計画なども含め、人・分野・世代を超えて、地域経済・社会全体の中で、「人」「モノ」「お金」そして「思い」が循環し、相互に支える、支えられるという関係ができることが、地域共生社会の実現には不可欠である。

（地域における住民主体の課題解決力強化・相談支援体制の在り方に関する検討会（地域力強化検討会）『地域力強化検討会最終とりまとめ　〜地域共生社会の実現に向けた新しいステージへ〜』2017.9.12）

　この現状認識から導き出される施策には、10年前とは違った特徴がみられる。1つは、「孤独死予防」といった高齢者をターゲットとした対策から「我が事・丸ごと」への展開、つまり地域社会への全面展開を企図した「地域共生社会」の具体化にむけて取り組もうとしていることである。2つには、「地域共生社会」の実現に関する施策は、福祉の領域だけで自己完結するものではなく関連する行政領域・分野との幅広い結合を目指し、「従来の福祉の地平を越えた」「新しいステージ」に向かおうとしていることである。3つには、関連する行政領域として教育委員会や社会教育委員への注目が注がれていることである。引用した「最終とりまとめ」においても公民館や社会教育委員への言及があり[4]、それらの重要性を認識している。「地域共生社会」の実現によって社会教育と地域福祉の重層化をはかった上で区分し、地域福祉のターゲットをより重篤な部分へと絞り込み、資源配分していこうとしていることがわかる。

　（2）次に総務省の政策をみておこう。総務省は、2009年段階では新しいコミュニティの在り方を模索していた。自治会・町内会のような地域集団の担い手の減少に対して、新しい「公共空間」形成のための主体が必要であると考え、NPOも含め地域で活動するアクターを組織して「地域共同体」の組織化を提案していた。これを受けて全国の自治体で、まちづくり協議会やコミュニティ協議会等の名称の下で組織化が進められてきたところである。
　総務省はその後2つの方向にわけて議論をしている。1つは新しいコミュニティの在り方については、地域自治組織の在り方として検討を進めている。もう1つが地域運営組織の設立と運営である。前者は、地方自治制度の中で地域自治組織の位置づけを探ろうとするものであるが、後者は2014年9月に設置された「まち・ひと・しごと創生本部」、及び「まち・ひと・しごと創生総合戦略」と関連づけ、新しい展開を試みようとするものである。

この両者は切り離しがたいものであるが、前者は後者の地域運営組織との区別化をはかるために、地縁型法人制度の見直しや地域自治組織の公共組合、また特別地方公共団体としての地域自治組織の在り方を探る議論へとシフトを変えている（地域自治組織のあり方に関する研究会「地域自治組織のあり方に関する研究会報告書」2017.7）。

　後者は、2013年に小田切徳美氏を座長にむかえ、「暮らしを支える地域運営組織に関する研究会」、2016年から「地域運営組織の形成及び持続的運営に関する研究会」を組織し、調査研究、及び政策提言を行っている。ここでは地域運営組織とは「地域の暮らしを守るため、地域で暮らす人々が中心となって形成され、地域内の様々な関係主体が参加する協議組織が定めた地域経営の指針に基づき、地域課題解決に向けた取組を持続的に実践する組織」と定義づけられている。地域運営組織は、2017年12月の「まち・ひと・しごと創生総合戦略（2017改訂版）」では主な重要業績評価指数として位置づけられ、「小さな拠点（地域住民の活動・交流や生活サービス機能の集約の場）形成数：1,000か所を目指す」と並んで「住民の活動組織（地域運営組織）の形成数：5,000団体を目指す」ことになり、総合戦略が改訂されるたびに団体数に上積みが図られ地方創生の重要課題とされている（2016改訂版では3,000団体であった。総務省地域力創造グループ地域振興室「地域運営組織の形成及び持続的な運営に関する調査研究事業報告書」平成29年3月、平成30年3月）。

　ここでの議論として注目されるのは、1つには総務省における地方自治活性化の議論が、地域運営組織の経営論と「小規模多機能自治」のモデル構築に収斂されていることである。これまでの自治会・町内会の機能が低下したことに対する危機感から、地域で活動する市民団体やNPO法人のような機能的組織も加えて「参加・協働」のしくみを整備し、「地域経営型」自治へと深化していくことを求めている。その象徴的な表現が「小規模多機能自治」である。2つには、「小さな拠点」と一体的に考えられていることである。低密度の居住地域を支えるネットワークとして地域運営組織が求められていることである。

　(3) 経済産業省は、2010年には「買い物弱者」対策を展開しようとしてい

たが、2016 年には「地域を支えるサービス事業のあり方について」へと発展をはかっている。

「買い物弱者」対策としては、低密度の居住地域であってもコンビニ、郵便局、公民館等の地域インフラがあることからそれらの規制緩和を行って利活用を図ることと、流通事業者間のネットワークをはかることを重点課題としていた（経済産業省「地域生活インフラを支える流通のあり方研究会報告書～地域社会とともに生きる流通」2010.5）。

たが、2010 年以降の議論をみると、地域インフラの規制緩和を進めることよりも、地域における社会的課題解決のための事業主体の育成と制度化の議論に焦点が移ってきている。そこで期待されている事業主体は、株式会社、CIC（Community Interest Company コミュニティ利益会社）、第三セクター、NPO 法人、認可地縁団体等であり、民間ビジネスの手法の導入や資金調達の方法の如何に議論の焦点が当てられている。

（4）国土交通省は、2011 年段階では、超高齢社会における安全・安心のまちづくりにむけた新たなコミュニティ形成のために、ソーシャル・キャピタルの構築や、既存のコミュニティ活動と新たなコミュニティ活動を接続させる「中間支援組織」の育成や場の提供、地域を越えてまちづくりの情報交換・連携を実現するネットワークの確立の必要を提起していた。

その後、2014 年に「国土のグランドデザイン 2050」が公表された。この計画の基本的な方向性は、コンパクト化とネットワーク化の結合である。人口減少と高齢化に対応するために公共サービスの集約化が求められていることと同時に、商圏エリアもコンパクト化することから、それを補うためにネットワークをはかるという方向である。その基本戦略が次のように述べられている。

> 集落が散在する地域において、商店、診療所など日常生活に不可欠な施設や地域活動を行う場を、歩いて動ける範囲に集め、周辺地域とネットワークでつないだ「小さな拠点」を形成する。この「小さな拠点」は、一定のエリア内においてワンストップで複数のサービスを提供することにより、日常生活の「守りの砦」となって周辺の集落を一体的に支えていくだけでなく、道の駅等と連携して6次

産業機能等を付加することにより、雇用を生み出す「攻めの砦」となることが期待される。「小さな拠点」は、いわば国土の細胞であり、この考え方は大都市郊外の「オールドニュータウン問題」にも当てはまるものである（「小さな拠点」の形成は全国で5千箇所程度を想定）。さらにICTを活用した遠隔医療・遠隔教育の実施や、地方公共団体・物流事業者・コンビニ等と連携した配達サービスの確保等、「未来型小さな拠点」のための環境整備の検討を行う。

（国土交通省「国土のグランドデザイン2050」2014）

これに基づき「小さな拠点」形成の取組が開始されるが、担い手としては民間事業者ばかりでなく、自治会、青年団などの「権利能力なき社団」も注目されている。また施設は既存公共施設を念頭においており公共施設管理計画との整合性、さらにコミュニティバスは社会福祉の福祉バスとの相乗りが考えられており、関連行政との連携・調整がはかられていくことになる。

（5）内閣府の動向については前稿ではふれていない。だが、2014年10月に内閣府特命担当大臣（地方創生担当）が置かれ、11月に「まち・ひと・しごと創生法」の制定、12月に総合戦略が閣議決定されることによってコミュニティ政策の主役に躍り出た観がみてとれる。内閣府は、地方創生に関する施策の全体的な事務局であり、関係省庁との連携をとりながら地方創生の進捗をグリップすることが主たる任務となった。また内閣官房まち・ひと・しごと創生本部事務局・内閣府地方創生担推進事務局は、独自に2016年6月「日本版BIDを含むエリアマネジメントの推進方策検討会（中間とりまとめ）」を公表している。この冒頭には、次のように記されている。

　我が国の都市、まちは成熟期を迎え、今後、持続可能な都市経営、まちの運営を行っていくためには、これまでの「つくる」まちづくりから、「育てる」まちづくりに転換していく必要がある。
　「つくる」まちづくりの段階では、法律等の範囲内であれば各々の土地で自由に開発を行うことができたが、今後の「育てる」まちづくりでは、バラバラではなく、エリア内の関係者が課題を共有し、方向を同じくし、フリーライダーを出さないような形で進めていく必要がある。「つくる」段階では、法律、条令等のハー

ド・ローといわれる公的規制が中心となるが、「育てる」段階では、関係者による自主的規制、地域ルール等の民意発意のソフト・ローが重要となる。そのため、エリアマネジメントを実践する場合、関係者が価値観を共有し、エリアの抱える課題を認識することで、解決に向けた行動を共にする必要がある。エリアマネジメントの本質は、エリア単位で関係者の協調的な行動を促すことにある。

エリアマネジメント活動は、良好な環境の形成、エリアの魅力向上といった効果に加え、その活動行うこと自体が弱体化してしまった地域コミュニティにおいて関係者の対話と協働をもたらし、まちの個性の構築、まちへの愛着と誇り(「シビックプライド」)の醸成、社会関係資本(「ソーシャルキャピタル」)の形成に役立つものである。

「つくる」段階と「育てる」段階で、行政と民間の関係も異なってくる。都市間競争や地域間競争の激化、今後の人口減少社会においては、行政が主導する画一的なまちづくりには限界が生じ、官民連携を強化し、エリアを単位にエリア特性を生かし、「育てる」まちづくりを進めていく必要がある。

(「日本版BIDを含むエリアマネジメントの推進方策検討会(中間とりまとめ)」p2, 2016)

この「中間とりまとめ」をみると、いくつかの新しい試みを看取することができる。1つは、「つくる」と「育てる」の意味の相違は、ハードからソフトへの転換と読み直すことができ、コミュニティ政策としてのソフト事業に重点をおき始めたことがわかる。2つには、そこでのソフト事業の目的は、エリア内における協調的な姿勢や態度の形成を目的としていることである。3つには、「育てる」こととエリアマネジメントはほぼ同義語として使われていることである。ただし、「育てる」主体、あるいはエリアマネジメントの主体は、必ずしも居住する住民には限られていない。

(6) 国のコミュニティ政策の特徴

以上、国の省庁のコミュニティ政策について概観してきたが、一覧にすれば次の表1-1のようになる。

2014年の地方創生を分岐点としてそれ以前と様相を異にしているが、その特徴を整理すれば、次の諸点を挙げることができよう。

表1-1　各省庁の地域コミュニティ政策

省庁名	重点施策	施設	地域組織・集団	想定される担い手
厚生労働省	地域共生社会の実現	地域包括センター	小地域社会福祉協議会	民生児童委員 地域包括センター職員、CSW 小地域社協役員
総務省	地域運営組織の持続的運営	地域公共施設 コミュニティセンター	地域運営組織	地域運営組織構成員 地域住民他
経済産業省	地域社会とともに生きる流通	地域公共施設	CIC（コミュニティ利益会社）他	会社社員
国土交通省	国土グランドデザイン	小さな拠点	権利なき社団 法人格のない任意団体	地域住民他
内閣府	エリアマネジメント	地域公共施設 小さな拠点	NPO エリアマネジメント会社	NPOスタッフ エリアマネジメント会社社員
文部科学省	「社会教育」を基盤とした地域づくり	公民館	地域社会教育関係団体	社会教育士 公民館職員

　1つには、人口減少社会にむけて各省庁ともに危機感をもち、地域コミュニティの維持に関する施策を展開していることである。その中心にコントロールタワーとしての内閣府が据えられている。

　2つには、施策の展開にあたっては自己完結的な縦割り行政ではなく、関係各省庁ともに相互に連携をとり、また新しい官民協働のスタイルが模索されていることである。

　3つには、施策の展開あたっては「小規模多機能自治」が掲げられるが、そこでの自治の内実は曖昧なままとなっている。自治の前提条件としての自己決定や権限、財政については等閑視されたままとなっている。

　4つには、社会教育行政への期待はみえないが、公民館への期待は高いことがわかる。地域コミュニティにおける公民館の存在価値を認められている。だが、いずれの報告書をみても人の成長や学習についての言及はない。

5つには、したがって、住民自治にかわるエリアマネジメントが惹起され、マネジメントできる主体の育成が課題となり、同時にそれの権限の範囲や財源捻出が今後の課題とされている。

2. 地域コミュニティにおける公民館の可能性と役割を探る
― 公民館地域アセスメントを手がかりに ―

　国の施策展開は、都道府県、市町村自治体の各行政領域を経由して公民館に到達する。地域コミュニティにあっては、公民館は各省庁の施策をワンストップ的に受け止めることが求められている。結果として、公民館は各々の省庁の施策展開の出先機関のような位置づけになりかねない。総合出先機関にならないためにも、一方で上から降ってくる地域コミュニティ施策を受け止めつつも、他方で地域住民の学習活動を媒介にして地域課題解決の主人公としていくことが求められるであろう。
　だが理論的な問題は、降ってくる課題への対処方法をみつけることだけではない。注目を浴びる一方で、なぜ諸施策の中に埋没させられてしまうのか。その問題構造を解明することである。

(1) 地域課題解決と公民館との関係
　国は、各々にコミュニティ政策をもちながら、地域コミュニティにおける施策の実現のために公民館の存在への関心を高めるようになった。それには、いくつかの要因がある。
　1つは、国の省庁は1990年代までにはそれぞれに地域的施設を所管し設置していた。例えば農林水産省であれば農村環境改善センター、生活改善センター、農村婦人の家等、国土交通省であればコミュニティ・センター、離島開発総合センター等、総務省であればコミュニティ・センター、厚生労働省であれば老人福祉センター、勤労者総合福祉センター、隣保館等である。しかし、これらの多くは、耐用年数を過ぎたころから廃止・統合されており、各省庁が所管する地域の公共施設はごくわずかとなった。

2つには、以上の施設には専任の職員が置かれるケースは少なく、度重なる行政改革を経るたびに、職員は減員もしくは兼務となり、施設の統廃合とともにただの集会施設へと衣替えするケースも少なくなかった。

3つには、地域集団の変化である。総務省が所管する自治会・町内会は、総務省も認識している通り、衰退していることがわかる。また女性の団体は、婦人会が中核となって、交通安全母の会、食改善推進協議会、農協婦人部、民生児童委員、自治会婦人部等々の地域組織が、重なり合いながら二枚看板、三枚看板の組織となっていた。だが、婦人会の衰退とともに、各領域の団体も衰退を遂げた。

4つには、以上のことから、地域の公共施設としての公民館とその職員に期待がかけられることになるのは、ある意味必然的でもあった。したがって、各行政領域の業務が公民館になだれ込むことになる。その際、何が公民館の本来的業務であるのかが、地域課題解決の名の下に曖昧なまま進められることになる。

(2) 公民館における連携と侵食

厚生労働省の施策をみると、社会教育への期待は高く、連携を図りながら「地域共生社会」の実現を目指そうとする方向性は、間違っているわけではない。しかし問題は、これが現実の場面に置き換えた場合、どのような展開をみせるのかという点である。社会教育と地域福祉との連携は簡単なものではなく交錯する場面がでてくる。

例えば、ボランティア養成講座を公民館が企画する場合は、公民館の業務である。しかし、社会福祉協議会が公民館を借りて実施するとしたら、それは社会福祉の業務になる。同じような企画、同じ講師であっても区別されることになる。同じように子育てサークル活動を公民館が支援する場合もあれば、自治体の子育て支援センターが出張する場合もある。参加者からしてみれば区別はつかないし、つける意味もない。しかし行政としては財源、人員配置、成果で明確に区別される。

同種の事業であれば、効率化の観点から統合すべきという議論になる。そ

の場合、より専門的な行政であると判断される側に統合される。この場合の専門的な行政であると判断されるという意味は、子育てに特化したセクションに委ねるべきであり、公民館は他の業務があるではないかという判断のことをいう。

同じようなことが、子育てをはじめ、地域福祉、ボランティア育成、防災組織の立ち上げ、男女共同参画の推進等々のあらゆる業務が公民館になだれ込み、結果として地域の総合出先機関化せざるをえない。かりに公民館職員が疑問をもったとしても、地域課題であることを理由に公民館の業務になる。もしくは公民館が引き受けない場合には、人事異動や規制緩和、コミュニティ・センター化の動きにつながっていくことになる。

別の観点からもみてみよう。公衆衛生の領域で、訪問看護士や保健師たちは、「健康づくりのために生きがいは必要である」と言う。確かに、看護士や保健師たちの立場からすれば、当然の発言である。しかし、社会教育や公民館の立場からすれば違和感をもつ。というのは、健康づくりは必要であるし、生きがいづくりも必要である。しかし、両者の結び付け方に違和感が生ずるからである。健康づくりを主目的とし、従属変数として生きがいづくりが位置づけられる。逆説的に言えば、健康づくりに資することのない生きがいづくりは不要ということにもなりかねない。

同じように、「地域振興に必要な人材育成は、必要である」「公民館に行く時間があるのならば、地域ボランティアとして活躍してほしい」といった声は、地域振興や社会福祉の担当者からはよく聞く話である。このような表現は、善意であったとしても行政目的達成のために社会教育や公民館を手段化しようとする危険性を孕んでいる。公民館の立場からすれば、当事者である住民自身が生きがいを探す過程において健康づくりを理解し達成してもらうという一連の認識や行動の変化を大切にする。このような立場が、行政目的達成型に侵食されてしまいかねない。

だが、ここで立ち止まって考えてみたい。以上のような批判は、これまでもなされてきた。さらに近年の動向は、前述したように地域に関連する各行政領域の全面的な展開がみられ、公民館に新たな負荷がかけられていることは問題

だと言わざるをえない。しかし、その一方で公民館として問い直さなければならない点もあるのではないか。というのは、「健康づくりのために生きがいは必要である」という定式化は、どのようにして導き出されてきたのかという点である。連携を志向するのであれば、そこに学ぶべき点があるのではないか。単なる経験や勘によってではなく、看護士や保健師たちの地道な地域観察から積み重ねられてきた地域アセスメントの手法から定式化されている。地域を理解し、クライアントのために必要な支援を模索する地道な努力がそこにはある。

　公民館としては、公民館職員の経験やコツに大きく依存しながら職務を遂行してきたのではないかという点を自問せざるをえない。他の分野で積み重ねられてきた定式化に至るような地域アセスメントの方法の開発を積み重ねてきたのだろうか。非常勤職員が増加してきた今日、公民館はどういう蓄積を重ね、次の世代にどのような職能を継承しようとしているのかが問われなければならない。

（3）地域アセスメントと公民館

　公民館が経験とコツだけから脱却するためには、公民館独自のアセスメントの開発を目指す必要があろう。そのために、まず関連する行政領域での地域アセスメントの方法に学んでみたい。

　アセスメントに注目するのは、アセスメントの語源はラテン語の「そばに座る」という意味だと言われているからである。そばに座り、一緒に同じものを見ることから評価や査定という言葉に転じたと言われている[5]。

　地域コミュニティを対象とする各領域では、各々の分野から対象へのアプローチの方法を開発している。どのように地域理解をはかることができるのか、対象者は何を求めているのか、地域との関係はどのようなものなのかを見極めていくために、アセスメントの手法開発に着手している。地域コミュニティにおける要支援者やクライアントのために、求められるアプローチを開発していくために、経験やコツだけではないアセスメントの手法を蓄積してきたわけである。

先述したように、公民館が総合出先機関のように活用されるのは、公民館の利便性が高いことが理由ではある。だが逆にみれば、公民館が、独自の地域理解に基づいたアプローチやアセスメントの方法を有していないために、他の分野からの影響を直接に受け侵食されているとみることもできる。そのときどきの国や自治体の主流となる施策の影響を受け、下請け機関的な役割遂行が求められるのも公民館の役割・機能の未開発な部分が大きいことも一因にある。公民館は、コミュニティ・センターに代替可能ではないかという議論が沸き起こってくるのも、この点に起因すると考えられる。

他領域での地域アセスメントを概観すると、地域経済であれば、地域景気向上のための処方箋を描く前提として地域診断を必要とする。公衆衛生であれば、地域におけるヘルスプロモーション戦略を展開するために、居住する人々の健康に影響を及ぼす因子を見極めるために地域アセスメントを行う。福祉・介護の領域では、課題を抱えているケースが、これまでにどんな生活を送りどんな経緯をたどって今日に至っているのか、その事前調査行う基礎としてアセスメントを行っている。教育相談の領域では、支援を求めている対象が、これからどうしたいと思っているのか、その主訴の内容と背景を理解するためにさまざまな情報をもとに総合的・多面的に判断して見立てることを言う。

ここでは、各領域でのアセスメントの手法について検討してみたい。

3. 各領域にみる地域アセスメントの手法

ここでは、地域アセスメントの手法を有する公衆衛生学、地域福祉学、地域政策関連領域の3つについて、管見のかぎりではあるが検討してみたい。各領域では、いずれも以前から課題とされていたものであるが、この数年で定式化への試みがなされてきたものである。

（1）公衆衛生学

公衆衛生学は、保健師・看護士の活動領域である。この分野で代表的なものは、地域看護学のテキストとして刊行された *Community as Partner* （1996）

である。その翻訳が、『コミュニティ アズ パートナー 地域看護学の理論と実際』(エリズベス T. アンダーソン、ジュディス・マクファーレン編 金川克子・早川和生監訳 2002 医学書院) である。金川によれば、初版のタイトルはCommunity as ClientであったがPartnerに変更されたという。

　Community as Partnerの問題関心は、生物学的な側面から健康が考えられていたのに対して、グローバリゼーションの進展は世界の健康問題に関心をむけさせ、社会・経済・政治的問題が、社会の健康を決定付けていると考え、プライマリヘルスケアの重要性を訴えたものであった。

　金川は、地域看護学の体系化の必要性を提起する。地域看護学とは「地域で生活しているさまざまなライフサイクル (life cycle) や健康レベルにある人々を対象に、健康レベルとQOL (quality of life 生活の質) の向上にむけて、それぞれのもつニーズの充足をはかり、その人の生活をその人らしく整えることに寄与する実践科学と考える」と述べ、個人個人のセルフケア能力の向上と家族や地域社会の力量を高める地域ケアをめざすことに力点を置く、と述べる[6]。従来の看護学は、看護対象への個別的アプローチによってケアを提供する実践科学であったが、公衆衛生学は集団的アプローチによって地域全体や特定集団の健康の寄与する学問であると述べ、看護学と公衆衛生学、健康関連科学の統一によって地域看護学の体系化を試みている。

　ではどのように地域看護診断を行っているのか。金川は、地区踏査、既存資料の活用、社会踏査を踏まえて地域看護診断を行うとし、地域アセスメントのプロセスを下記のようにまとめている[7]。

1. 対象地域／集団の選定
2. アセスメント方法の選定
    1) 対象地域／特定集団の特徴を把握する方法・手段
    2) アセスメントの日程、調査者、経費、アセスメントの体制
3. アセスメントの実際
    1) 既存資料の入手、整理
    2) windshield survey の実施
    3) ethnography を取り入れた面接調査の実施

4）特定集団を対象に健康や QOL に関連した調査の実施
　4. アセスメントした内容の整理・分析
　　1）既存の資料から地域／集団の概要を要約し、特徴的なものを提示
　　2）windshield survey をとおして、観察し、体験的にとらえたことを要約し、特徴的なことを抽出
　　3）ethnographic method による面接調査から得られた内容を整理・分析
　　　① ethnography を参考にした分析方法により、地域／特定集団のプロフィールを明らかにする
　　　② 地域／特定集団の健康や QOL にとってリスクが予測される問題を抽出する
　　4）地域／特定集団を対象にした調査結果を整理・分析し、健康や QOL の実態やその背景、要因等の明確化
　5. 地域／特定集団の看護診断の決定
　　1）種々のアセスメント方法で得られた結果を総合的に判断し、優先度の高い問題の明確化
　　2）地域／特定集団にとってこの診断項目が妥当なものであるかの検証

　ここにみられる地域アセスメントの問題意識は、対象となる地域／特定集団が抱える健康上の諸問題のリスク要因を探し出し、優先順位をつけて効果的な地域看護に入るための手法として考えられていることがわかる。地域看護学におけるアセスメントは、既存資料の収集・分析、地区踏査、エスノグラフィー、特定集団調査によって、看護診断が決定されていくというプロセスをとっている[8]。

（2）地域福祉学

　地域福祉の領域では、1990 年の「社会福祉関係八法改正」、ならびに 2000 年の社会福祉事業法から社会福祉法への改称・改正によって地域福祉の推進が位置づけられたことによって、新しい展開を迎えている。
　地域福祉学における地域診断の先駆をなすものは、特定非営利活動法人日本地域福祉研究所編『コミュニティソーシャルワークの理論』(2005) である。ソーシャルワークからコミュニティソーシャルワークへの発展を探ろうとした

ものであるが、この中でアセスメントについて言及されている。1990年までの社会福祉アセスメントは、医学をモデルとした施設サービスを利用する個人の身体的状況把握が課題であったという。だが、イギリス等におけるコミュニティケアの進展、社会福祉関連法の改正によって、コミュニティケア推進のシステム構築が課題となり、地域自立生活支援を進めるコミュニティソーシャルワークが求められるようになったと述べられている[9]。

中島修・菱沼幹夫編『コミュニティソーシャルワークの理論と実践』（2015 中央法規）では、コミュニティワークからコミュニティソーシャルワークへの発展は、「新しい社会システムとしてのケアリングコミュニティである福祉コミュニティを構築しようとするもの」[10]であると述べ、前述した厚生労働省の「我が事・丸ごと」の導入線となっていることがわかる。地域アセスメントの必要性については、次のように述べる。

① 対個人の支援行うときのケアマネジメントにおいて、活用可能な社会資源を探す
② 個人のニーズが地域のニーズであるかの検証（課題の普遍化）
③ 個人や地域の課題解決において、地域の課題解決能力を探る
④ ニーズの傾向、動向の分析
⑤ 住民の理解と協力を求めるときに、地域の状況を伝える資料として活用（問題の共有・情報の共有）
⑥ 住民活動を起こすときに、その実現の可能性と活動の他への波及の可能性を探る
⑦ 新規事業の提案
⑧ 理想的な「まち」に近づけるための必要条件を探る

この上で地域アセスメントは、市町村域全域、市町村域をいくつかに分割した中圏域、小圏域の3つのレベルで行うとされている[11]。

地域アセスメントの具体的な手法については、川上富雄編『地域アセスメント　地域ニーズ把握の技法と実際』（2017，学文社）が挙げられる。川上によれば、地域アセスメントは、ニーズの把握だけではなく社会資源の「強み（ストレングス）」を探る意義もあると述べ、地域アセスメントの対象、主体、圏

域を定め、①既存統計データ等の収集及び既存資源のリストアップ、②当事者・活動者・専門職等への聴取・懇談会・ワークショップ、③数的把握のためのアンケート調査、④地区検診・地区踏査（フィールドワーク）、⑤課題分析と小地域福祉活動計画の策定、へと結実することが望まれている。

地域福祉学の展開をみると、この20年の間の意識的な蓄積の過程を読み取ることができる。医学モデルからの脱却を課題とし、公衆衛生学に学びながらも独自の地域アセスメントの手法を開発していこうとする強い志向性をみることができる。

（3） 地域政策関連領域

地域政策関連領域は、地域経済や地方自治、地域づくり、地域計画など、地域を対象とした学問・政策分野を指す。この分野で共通して取り組まれているのが地域カルテである。

地域カルテは、1970年代のコミュニティ政策の頃から散見されるが、近年では地域の課題解決や地域づくりを行う際に、まちづくりコンサルタントや行政担当者が、当事者である地域住民も巻き込んで意見交換やワークショップを円滑に進めるためのツールとして使われることが多い。

基本的なパターンは、地域カルテについての学習会、ワークショップ①（課題の掘り起こし）、ワークショップ②（課題の絞込み）、ワークショップ③（アイデア提案）、ワークショップ④（企画書の作成・整理）、といった手順があり、地域の現状を知り、課題解決にむけた活動策を探り実行策として提案しようとするものである。厳密な地域カルテの作成を目的としているというより、居住者が当事者として地域のことを知り話し合うための材料を作成し、そのプロセスを経て課題解決への行動を喚起させようとする性格のものである。この手法は、現在、多くの自治体の地域づくり推進担当課で取り入れられている。

同種のものとして鵜飼修編『地域診断法　鳥の目、虫の目、科学の目』（2012 新評論）をみてみよう。本書は、滋賀県立大学大学院で設立された講座をまとめたもので、「地域診断」から「まちづくり」まで総合的にコーディネートする「人財」の育成をめざすとされている[12]。ここで説明されている

地域診断の方法とは、次のようなものである。

　　○地域に入る前の準備
　　　①地図を集める　②行政からから情報を集める　③歴史を知る
　　○地域に出て地域を感じる
　　○高いところから見る
　　○地域の声を聴く
　　○歴史を感じる
　　○文化・人間性を知る
　　○環境カルテの作成 ― 地域構造の把握から提案へ

　この分野の特徴は、地域が抱えるさまざまな課題は行政サービスだけでは充足できないとする立場から、地域カルテによって地域コミュニティ運営の担い手を育成し、当事者意識の形成をはかろうとする点にある。

　後者の地域診断の特徴は、地域再生・創造のための資源がどこにあるのかを探るところにあるが、地域再生・創造のコーディネーターが資源を利活用し地域再生・創造へむけたシナリオ作成へと結び付けていくための手法として考えられている。

　これらの手法が人口減少社会への危機感を背景として、課題解決学習のツールとしてまちづくりコンサルタント等によって全国的に拡げられている。

（4）公民館学と地域アセスメント

　公民館では、どのような目的でアセスメントを行うのであろうか。どういう手法を使い、どういう項目をたてて地域理解を図ろうとするのか。公民館事業の円滑な遂行のためなのか、それとも講座を企画するためのニーズ調査なのだろうか。

　瞥見のかぎりでは、地域アセスメントをしているという研究・実践は見当たらない。地域理解を進める重要性については、多くの論者や実践家たちが述べるところであるが、それ自体を地域診断・アセスメントとして本格的に論じたものは見当たらない。

　学習評価については、地域還元できるシステムの構築や、個人の学習に対

する動機づけ、学習達成度の評価等の知見が国内外で見受けられる。また公民館に対する事業評価の方法開発については、いくつかの自治体で試みられている。近年では、高橋満によるコミュニティ・キャパシティを高める実践の計画づくりが進められており、この中で地域アセスメントに該当する部分がみられる[13]。

しかし、公民館が地域アセスメントを行い、それに基づいて体系的な事業編成を行っているケースは、あるのだろうか。おそらく社会教育・生涯学習計画が策定され、それを根拠にしていなければ難しいであろう。このことが、地域の課題解決にむけて関連領域との協働が求められているにもかかわらず、他領域からの侵食と受け止められてしまう根本的な要因ともなっている。

（5）公民館と関連領域をつなぐアセスメント

以上の地域コミュニティを対象とした関連領域と公民館学との相違を整理してみると、次のような図になる（図1-1）。

縦軸は、人間の学習や成長に関心を置いているのか、それとも制度設計やネットワーク構築等のシステム構築に重点を置いているのかを示したものである。横軸には目的が明確であるか、それとも目的が単一ではなく総合的に考えられているのかを示している。これらは、整理のための便宜的なものであり、実際には重なり合いながら展開をみている。

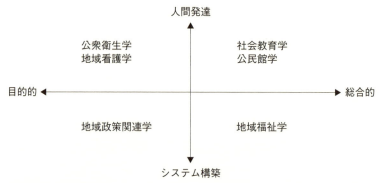

図1-1 地域コミュニティを対象とした関連領域と公民館学との相違

公民館が関連領域との協働を目指すのであれば、各々の領域の特性を理解し、結節点を探す必要がある。その一つが、地域アセスメントである。

4. 公民館地域アセスメントの開発にむけて

最後に、これまでの検討をふまえ、公民館による地域アセスメントの開発にむけての課題を整理しておきたい。

1つには、各領域のアセスメントに関する基本的スタンスは行政目的あるいは特定の目的達成にある。それに対して公民館にはアセスメント自体への関心が弱いことである。関連領域は、対象者への有効なアプローチ開発のために地域アセスメントを行うという形態をとっている。有効な資源を探り、いかに動員することができるのか、その目的性は明確である。それに対して、公民館はある特定の目的達成という形態をとっていないため、公民館の強みとも言えるが、一方では地域アセスメントの必要性が脆弱となっており、資源探索への関心も薄い。したがって、公民館としての独自の役割創出という点が導きだされにくい。

2つには、公民館がアセスメントを必要とするのは、次の2つの場合が想定される。1つは学習を求めている人々への学習機会提供のためにアセスメントを必要とする場合である。もう1つは、地域課題解決学習のためにアセスメントを行う場合である。前者の場合は、学習ニーズ調査等によって行われるが、後者は課題の発見から課題設定、解決までの一連の事業として取り組まれる必要があり時間と予算がかかるため、公民館の事業として企画されにくく、アセスメントの必要性の確認まで至りにくい。

3つには、関連領域のアセスメントは、公民館としての地域アセスメントの手法として学ぶべき点が多い。公民館職員の経験とコツを尊重しつつも、行政資料等のデータの収集・科学的分析、地域踏査、フィールドワーク、エスノグラフィー、地域集団へのヒアリング等の手法を、公民館アセスメントとしても取り入れていく必要がある。

4つには、公民館の総合出先機関化、公民館への侵食、各施策間のバッティ

ングを防ぐためには、各行政機関間の調整が必要となる。侵食を協働へと転換させていくためには、まずは社会教育計画にアセスメントを位置づけ、その上で公民館と他の機関との構造化をはかり、公民館の果たすべき役割をより明確化する必要がある。

　最後に、前述したようにアセスメントの語源は、「そばに座る」という意味であった。ここに立ち戻って考える必要がある。公民館が「そばに座る」のは、いったい誰の「そば」なのだろうか。もちろん、地域住民の「そばに座る」であることは間違いない。しかし、それだけではなく、地域コミュニティを対象とした関連領域とともに「そばに座る」ことによって、地域住民の well-being の向上に資することができるのでないだろうか。協働による地域アセスメントである。それを可能にするためにも公民館職員の体系的な研修の充実が求められる。

注

1) 拙稿「日本の都市近郊団地にみる社会教育と社会福祉の結合」松田武雄編著『社会教育福祉の諸相と課題』大学教育出版　37-52 頁　2015。
2) 例えば、日本建築学会編『公共施設の再編──計画と実践の手引き』森北出版株式会社 2015。
3) 「高齢者が一人でも安心して暮らせるコミュニティづくり推進会議」報告 2007.3
4) 地域における住民主体の課題解決力強化・相談支援体制の在り方に関する検討会（地域力強化検討会）『地域力強化検討会最終とりまとめ　～地域共生社会の実現に向けた新しいステージへ～』2017.9.12　11 ～ 12 頁。
5) アセスメントの語源については、鈴木大裕『崩壊するアメリカの公教育　日本への警告』岩波書店（2016　143 頁）を参考にした。
6) 金川克子・田高悦子編『地域看護診断　第 2 版』2011　東京大学出版会　3 頁（初版は 2000）。
7) 同前書 17 頁。
8) この他、関連するものとして、佐伯和子編著『地域看護アセスメントガイド』医歯薬出版株式会社　2007,『保健師ジャーナル　「見える化」時代の地域診断』2017.3、を挙げておく。
9) 特定非営利活動法人日本地域福祉研究所編『コミュニティソーシャルワークの理論』2005 1-8 頁。
10) 中島修・菱沼幹夫編『コミュニティソーシャルワークの理論と実践』中央法規　2015　8

頁。
11) 同前書 60-61頁。
12) 鵜飼修編『地域診断法 鳥の目、虫の目、科学の目』新評論 2012 4頁。
13) 高橋満『コミュニティワークの教育的実践 教育と福祉を結ぶ』(東信堂 2013)等の一連の研究を挙げておく。

第2章
暮らしづくりの支援における価値とその意義

はじめに

　学童保育やプレイパークの現場に赴くと、支援者は子どもたちとただ遊んでいるだけに見えることがある。若者支援の場合でも、例えば若者と一緒にサッカーを楽しんでいるワーカーを見れば、同様の感想が聞こえてくるかもしれない。「メダカの学校」よろしく、誰が支援者なのかわからないほどに遊びに興じている姿に、専門性を見いだすのは難しいと思う向きもあるかもしれない。
　しかし、これは誰にでも出来ることなどでは決してなく、高度な専門性に支えられた実践と言うべきである。問われるべきは、この実践の質を語ることができない概念の側の狭さである。
　Social Pedagogy（以下、SP）が改めて脚光を浴びている背後にも、同様の問題構図があるように思われる。例えば、ペスタロッチが知育に偏重した教育を批判し、Head・Heart・Handのバランスがとれた全人教育を強調したときに、彼が問うていたのは、人間の本質や自然を視野の外に追いやった教育概念であった。ソーシャルワークや社会的養護の実践者たちがSPに関心を寄せるのは、それらの領域で進展しつつあるエビデンス・ベースドという名の実証主義・合理主義の支配に抗して、ソーシャルワークやソーシャルケアが立脚し、また実現すべき人間的価値を明確にする可能性に期待してのことである。残念ながら、現状ではSPはその期待に応える理論としての成熟をまだ見せていないというべきであろうが、近代の道具として消費された教育概念や発達概念を、い

わば回復させるためのさまざまな手がかりを与えてくれている。

この章では、そのような視点から、地域福祉領域における支援実践に潜む新たな価値を素描してみたい。それはまた、当該実践から生成しつつある新たな「教育」概念を探ることにもなるであろう。支援における専門性は、この価値や概念と切り離して論ずることはできないはずである。

1. CRISP モデル

(1) Social Pedagogy の実践像

SP に改めて関心を示し始めたイギリスでは、ロンドン大学教育研究所がヨーロッパにおける Social Pedagogy の特徴をおおよそ以下のようにまとめている[1]。

* 全人（whole person）としての子どもとその総合的な発達への支援に焦点
* 実践者は子ども・若者との関係においては一人の人として自分自身を見る
* 子どもとスタッフは、共に居る間は、既存の分離的階層的な領域とは異なって、同じ生活空間に存在する者として了解される
* Pedagogue は専門職として実践の不断の省察を奨励され、そして理論的理解と自己の知識を仕事と彼らが直面するところの、時に挑戦的な要求に応用することを奨励される
* Pedagogue は実際的でありまた創造的である。すなわちその養成にあたっては、食事やおやつの準備、或いは音楽を作り、タコを作るというような子どもの日々の生活の多くの側面を彼らが共有できるように訓練が提供される
* 集団的状況では、子どもたちの協同的生活が重要な資源とみなされる：ワーカーはグループの効果を生み出し育てるべきである
* Pedagogy は手続き問題や正当化の資格に限定されない子どもの権利の理解に立脚する
* 子どもを育てる中での、チームワークと他者——家族・他の専門職・地域の人々——の寄与の重視の強調

この中で特に注目すべき点は、支援者は支援という社会的文脈をいったん括弧に入れ、当事者との間の自生的な活動から生成する関係性を維持していると

いう特徴づけである。支援者には、当事者の生活世界を共有しながら、食べる・遊ぶといった日常的行為を協働で展開できるようなスキルが要請される。しかし、それは同時に、不断の省察によって意味付けられた意図的な介入実践として展開される。この協働の経験（協同的生活）が、新たな実践を創造するための資源となる。およそ、このような敷衍が可能であろう。

　このような特質を強調したものがCRISPモデルである。イギリスにおけるSP概念の紹介者の一人であるキエロン・ハットンは、SPに関連する実践諸領域の中心に包摂概念があると指摘し、さらにそれは単なるテクニック（参加や選択のための方策）ではなく、共に生きる人々の人生の質を高めるためのものとして理解されるべきであるという[2]。筆者なりに要約すれば、共に生きる思想としてのインクルージョンがSPの核心をなしているという指摘である。ハットンは、社会の一員としての社会的アイデンティティやコンピテンスの向上を促す点にSPの焦点を見いだすハマライネンの指摘[3]を踏まえつつ、新たな協同的な社会関係の創出にSPの意義を見いだしている。それゆえに、政治問題が展開する構造的局面よりも、そうした構造と人々の暮らしの接点である日常生活というローカルなレベルの実践を重視することになる。

　このように包摂概念を理解すると、日常生活における創造的活動と包摂を核心的課題とするSPの親和性も明らかになる。CRISPとは、Creation、Inclusion and Social Pedagogyの略であるが、ハットンは包摂概念を創造性とSPの媒介項として位置づけている。内容的には技術的課題に限定した包摂概念とそれに基づくSP理解を批判し、人間性の回復としてそれらを再定義するための媒介項として創造性概念を描いていると評価してもよいであろう。

（2）創造的活動の意義

　近年では、社会的包摂活動としてのソーシャルワークやユースワークにおいても、ドラマやクリエイティブ・ライティングなどのアート活動が取り入れられることが増えている。これらは伝統的な意味でのソーシャルワークやワークフェア型のソーシャルワークの範囲を超えるものであるが、CRISPモデルはこのような傾向に現れた新たな価値をSP概念の核心に据える試みと言える。

ここで、社会的包摂という文脈におけるアート活動の意義を改めて確認しておこう。

第一に、表現には自己形成を支える機能がある。表現は、聴き取ってくれる他者、受け止めてくれる他者がいなければ成立しない。このような対話関係の下で、表現者は他者の視点から自己を形成している[4]。自己は、自己内他者を定位させ、普遍性（この場合は社会性としての普遍性）を有する自己内対話が成立するようになって初めて成立する。社会的排除を、聴き手・受け手を喪失し、自己内他者が崩壊する状態、あるいはモノローグ的な他者によって自己内他者が統制されてしまう状態と考えれば、表現を取り戻すことが自己の形成・回復につながることは見やすいであろう。そもそも表現の自由は自己形成の自由に直結するのであり、基本的人権として不可侵の正当性を有している[5]。

第二は、認識や行為の前提となっていた枠組みについての省察の可能性である。アートは虚構の空間や時間を創り出すが、それが、共有し享受する他者とともに創造されているならば、現実の世界を動かす社会的力を産み出す[6]。その時、アート活動は新たな意味を社会的協働的に産出することにより、人々の自己形成の前提となっていた概念や視点を相対化し、場合によっては批判する機能をもつ。ヨーロッパにおいてホームレス支援に取り組む FEANTSA は、2009 年にアート活動とホームレス支援の関連に関する報告書を刊行しているが[7]、そこでは、ホームレス状態の人々が、例えば精神障害者という自己規定を脱却し、アーティストとしてのアイデンティティを形成し始めたこと、あるいはホームレス状態の人々が役者となった映画を通して、彼らを犯罪者や伝染病患者などと見る受け止め方が偏見に起因すると市民に理解されたことなどが紹介されている。

第三は、社会的支援の諸制度を機能させる触媒効果である。上記の報告書で、ホームレス状態の人々とともにオペラを上演する Streetwise Opera のマット・ピーコックは、参加者が前向きになり、既存の支援制度に基づくワーカーたちとの関わりを強めるようになったことを報告している。逆に言えば、実際の生活を再構築するためには、アート活動だけでなく、居住支援や生活支援に関わる制度を活用し、支援者（ワーカー）と共に課題に取り組むことが必

要であるが、アート活動はそのような社会的支援の触媒になるという。ピーコックは、それを、政府文書をもとに、「多層的アプローチ」（Multi-layered approach）と呼んでいる[8]。

　以上の諸点は、アートが創造的活動であることを考えれば、自ずから導かれる特質とも言えるが、それらの内的な関連については補足が必要であろう。各項を繋ぐ要素はコミュニティである。人間は、他者の視点から自己を形成するが故に、個別的である（＝個人）と同時に普遍的に振る舞える（＝他者に共感し、他者の必要に応える）のであるが、それはコミュニティを形成する必要条件でもある。共感し、受け止めてくれる他者の集合体としてコミュニティを考えれば、一般に居場所とも呼ばれる、そのコミュニティは自己を形成する基盤と言い換えてもよい。

　創造的活動によって生成するコミュニティは、固有のルール・規範、そして文化をも生成させる。例えば、各々のコミュニティは固有の言葉を産み出す場合が多いが、それはそのコミュニティを再生産する協働を通して生まれる価値、つまり「大切なもの」を表現するものであり、その価値を表現するためのローカルな規則が生成したことの反映と見てよい。そして、そのような言語使用が定着すると、コミュニティの思考様式や、当該コミュニティにおいて人間らしさを正当化し、自明視するものとしての文化が生まれてくる。このような規範・思考様式・文化が、主流社会のそれらと異なる場合は、自己形成の基盤であるコミュニティの側に視点をおいて、主流社会の枠組みが相対化され、場合によっては批判されるであろう。

　種々の制度的支援制度は、基本的には主流社会への統合を意図するものであるが、以上のようなコミュニティが構築されている場合には、支援制度を利用することが、直ちに主流社会への適応や埋め込みにつながるとは言えない。むしろ、主流社会の制度を使いこなし、批判し、改善していくための能動的で創造的な関与が可能になると見てよいであろう。「多層的アプローチ」は、それがここで述べたような意味で実現する場合には、制度に内在しつつ制度を批判する実践を出現させることになる。福祉制度に関わるワーカーの側から見れば、主流社会のシステムに不断に統合され、消費されてしまう自己の実践を解

放する可能性を、このような方向性に見いだすことができるはずである。

2. 支援者に求められるもの

(1) 支援者とは

　CRISP モデルが示すような実践を組織する上で、支援者に求められる役割は何であろうか？　創造的活動をアート活動として具体化する場合には、その活動そのものを担うのはアーティストであり、SP の意図的な実践者としての支援者は、そのような活動の環境醸成を行うコーディネーターとして理解される場合がある。しかし、環境醸成機能やコーディネイトは、中核に位置する活動が実現すべき価値とそのための方法についての理解が無ければ担えない。何のために何をどのようにコーディネイトするのかを示さないコーディネイト論が成り立たないことは言うまでもない。逆に、アーティストが当該実践を取り巻く環境に一切関心を払わないとすれば、その実践は純粋なアート活動であったとしても、CRISP モデルからは離れたものになる。それゆえ、ここではアーティストとコーディネーターとを区別せず、支援者として一括する。以下では、いくつかの実践事例に即して支援者の役割を確認しておこう。

(2) 「表現できる場」をつくる

　日本の代表的な寄せ場（日雇い労働者の求人・求職拠点）の一つである大阪市の通称・釜ヶ崎（あいりん地区）において、表現の場としての「釜ヶ崎芸術大学」を主宰している上田假奈代は、「表現の原点」に関して、「表現を担保するとは、お互いの存在を認め、大切にしている場をつくれているかを問われているということなのだ。表現することが大事なのではなく、表現できる場をつくれているか、その場の一人として、他者として、生きているか、と」と理解するに至ったと述べている[9]。

　表現することは、「私」を衆目にさらすことでもある。誰も聴き取ってくれず、逆に嘲笑しか返ってこない場で、声を発することはできない。「表現できる場」とは、他者に対する信頼が定着している場であるが、それでは信頼とは何であ

ろうか？ それは単に傾聴の姿勢を示すことではない。専門的なトレーニングを受けた専門家は、そのテクニックについて信用できても、ここで問うている信頼ができないことがある[10]。上田の指摘は、その場を自分が生きる場として共有しているかを問うているように思われる。支援者が支援の枠を超えて自分を表現できる場になっているときに、その場でのあるべき人間像を設定する統制者はいなくなる。誰もが対等の立場で協働し、創造していく場だと理解できたときに、場に対する信頼が生まれ、声を発することも自然なことになるはずである。

（3） 差異を際立たせる

　釜ヶ崎芸術大学では、詩や作曲などの様々な創作活動が行われている。それぞれが独自の方法で展開されているが、その一つの特徴は集団的創作であるように思われる。例えば、詩のワークショップの一つでは、輪になった参加者が思い浮かんだ言葉をそれぞれに述べ、それらがホワイトボードに書き留められていく。そして各参加者は、羅列された言葉をいくつか拾って、連結していく。作曲の場合も同様で、参加者は回ってきた順番に従って、割り当てられたフレーズに自分なりのメロディをつけていき、それを講師が記録し、つなぎ合わせていく。

　参加した各人は、各々の人生物語を持っており、固有の認識の枠組み（スキーマ）を構築している。言葉を選ぶ場合も、それが意味するものを想起する場合も[11]、このスキーマが作用している。メロディを口ずさむ場合も同様であろう。さまざまな出来事に出会っても、このスキーマのおかげで、それらは既往の経験の延長線上に位置づけられ、日常の枠内に収束する。

　ところが、このワークショップでは、私なら次にこの言葉やメロディを思い浮かべるという密かな期待がことごとく裏切られる。つまり、思いもよらなかった言葉やメロディが次々と現れ、それらが繋ぎ合わされる。「私の文法」に反するため、なぜそうなるのかがわからず、意味もわからない記号の連続が生じる。この瞬間には、各参加者のスキーマが衝突しているといってもよいであろう。違和感が生じるし、場合によっては拒絶感が湧き上がるかもしれな

い。一種のジレンマ体験といってもよいであろう。

　しかし、それが一巡し、つながった言葉やメロディによってなんらかの作品が現れると、不思議なことに、そこに独自の世界が浮かび上がる。それは誰もが想定しなかった世界であり、一人では決して産出できなかった世界である。また、特定の誰かのおかげで創り出されたものでもない。文字通りに「てんでバラバラ」のみんなのものである。こうして想定を超える世界と出会う楽しさをいったん味わうと、今度は、バラバラの度合いが気にならなくなるどころか、差異が面白くなる。差異は未知の世界への扉を開く鍵であり、協働で創造される新たなものに出会う期待感（ワクワク・ドキドキ感）を伴うようになる。ここでの支援者の役割は、参加者の差異を際立たせ、緊張をもたらし、そこからの解放を準備することにある。支援者の準備したシナリオに沿って、主流社会において「価値」のあるとされる作品に仕上げることではない。

（4）フラットな関係を維持する

　以上のような協働による創造過程は、アート以外の活動でも見いだせる。スポーツでも文化活動でも、所与の枠組みがあり、それに基づき、大方（＝主流社会）の認める価値を合理的に実現するというスタイルもあれば、逆に協働による創造過程そのものを重視するというスタイルもあり得る。

　釧路市を拠点に活動するNPO法人・地域生活支援ネットワークサロンは、生きづらさを抱える若者たちの居場所づくりにおいて、「何もしない支援」を重視していた。支援者のおかげで何かができたと評価されるような支援は失敗で、むしろ、当事者たちが「ここの支援者は何もしてくれないから、自分たちでやった」と述べるような支援を志向していた[12]。もとより、支援者は何もしていない訳ではない。振り返りのミーティングが繰り返され、当事者の状況や変化についての理解も深められている。その上で、支援者たちが重視しているのは、当事者たちが自分の声を出せる「フラットな関係」であり、その関係を維持したまま対話と協働によって実践コミュニティを構築することである。

　当事者たちは、自分なりのスキーマを持ち込むのであるが、場合によっては過去に経験した関係を、抑圧的なものも含めて再現する場合がある。その結

果、当事者同士の間で権威的・抑圧的な関係が生じる場合は、集団の力関係を再構成するように支援者が介入する。単一のスキーマに支えられた権威的・硬直的な言葉を回避し、言葉の弾力性や非決定性を取り戻しながら、当事者の対等性と多様性が再生産できることに価値を置く支援と言ってよい。釜ヶ崎芸術大学のワークショップとの共通点も多いが、この場合は、日常的な活動そのものを多様な声が響きあうように調整することに特質がある。

3. アニマシオンという価値

(1) 実践の方向性を規定するもの

　以上のような実践の方向性を支えているのは、例えば就労率として提示されるような、特定の制度・政策的目標ではない。「多層的アプローチ」で指摘されていたように、それらの政策や制度を否定することはないものの、実践者側では政策的に課題化される「自立」は、より包括的な自立の結果として達成されると理解されている。その場合の自立とは、端的に「生活を創る生活」の自由を回復し、高めることと言ってよいであろう。

　「生活を創る生活」とは、生活そのものを対象にし、自由に、意識的に、それを創造するような生活をいう[13]。先に、人間の自己は、他者の視点を内在化させることにより、個別的でありながら他者の必要に応答するという普遍的な性格をもつことを指摘したが、他者の必要に応えるためには、他者の生活を対象に設定しなければならない。そのような関わりは自己の必要に対しても同様になし得る。つまり、人間はわが身の必要に支配されているのではなく、それを対象の位置に置くことによって、いったん、自分から切り離し、さまざまな思いを込め、また工夫をしながら、再度、自身の必要に向き合っている。そこに、主体性や文化の根源もある。文化的な価値を重視して生活を編成することも、美的な生活を追求することも可能であり、そこに人間の人間たる所以もある。

　このように主体的に構成された生活を暮らしと呼ぶならば、私たちの暮らしはそれぞれが作品であると言ってよい。自立概念に戻れば、「私の作品」とし

ての暮らしを創る自由を獲得し、拡張することが自立である[14]。先の実践は、誰もがそのような暮らしを創ることができるようになること（＝よりよく生きることとしての well-being）に価値を置いている。

（2） 暮らしを享受する

　暮らしは様々な課題を不断に解決することによって、日常となる。働くことのみならず、食べる・休む・眠るといった生きる上での基本的な欲求に関わる行為や他者とのコミュニケーションなどのあらゆる場面で、やりくりや折り合いをつける工夫が無数になされることによって[15]、日々の暮らしは一定のまとまりをもって成立している。

　例えば、季節の変化に合わせて食材や衣類、部屋の模様を工夫することや、保育園や学校のイベントを互いの都合と要求を調整しつつ実現することは、多くの人々が経験しているであろうが、それらの過程での工夫や調整が日々の暮らしを彩り、自分らしい・自分たちらしい暮らしが作品として出来上がっていく。その作品としての暮らしには、そこに関わった人々の想いが刻み込まれ、文化、すなわち人間らしさが反映している。そのように思える時に、暮らしは自分が自分らしくある喜び（joy）の基盤となるであろうし、作品としての暮らしが享受（enjoy）されていると言ってよいであろう。

　このような喜びに価値を見いだすことは、一般に、何かができるようになることとして理解される場合の発達概念に実践の価値を置く理解とはやや位相を異にする。後者の場合、何が、どこまでできるようになったのかが、実践を評価する尺度になるが、前者では暮らしがどれだけ享受可能（enjoyable）なもの、愉快なものになったかが、評価尺度になる。この方向性を徹底した地平に位置するものが、アニマシオンであろう。

　日本でいち早く、この概念に着目した増山均は、ラテン語圏で用いられる社会文化アニマシオンは、命を与え、魂を躍動させ、集団を活性化させることによって人間性の回復と社会・文化の発展を射程に入れる概念であり、エデュカシオンやプロテクシオンよりも包括的な概念であることを強調している[16]。実践的には、社会・文化・芸術・スポーツ・余暇・娯楽を含む広範な領域に広

がっており、SP との関連と区別に関する研究も進展している[17]。領域や機能に着目した分析は、アニマシオン概念の境界線を明確にするためには有効であろうが、ここではこの概念が切り取ろうとしている人間観やそれに立脚する価値概念に着目したい。増山は、遊びや余暇（気晴らし）・休養の中にアニマシオンの側面を見いだしているが、それらに共通する価値は楽しむことにある。例えば、遊びは過程そのものが目的となる活動であるが、過程を楽しむためには、遊びに関わるすべての者が楽しんでいることが必要である。例えば、鬼ごっこをしても、結果が予め分かってしまうような状況では、遊びは成立しない。そんな時に、子どもたちはルールを変更し、誰が鬼になるかわかならい状況を創ることによって、参加者の誰もがワクワクし、ドキドキする遊びを創り出す[18]。この例を見れば、勝ち負けや鬼から逃れることそのものが目的なのではなく、リスクに対峙し、工夫をし、そして賭けるという経験を分かち合うことが目的とされていると言ってよい。あえて、予期が不可能な混沌とした状況を創り出すことが、楽しさを実現するためには求められる。これは、生活を創る生活の愉しさと本質的には共通している。

4. 愉しさの再生産の保障

（1）愉しい活動

　アニマシオンという価値は、遊びや余暇のような自由時間での活動に限定されたものではない。和歌山市を拠点に事業を展開する社会福祉法人・一麦会、通称・麦の郷は、共同作業所を起点にしながらも、不登校支援や農福連携による地域づくりなど多方面に展開している。このような事業展開の理由の一つは、働くことの意味についての理解を深化させてきたことにある。

　ある作業所では、自閉症の若者がおかきの製造を担当しているが、鉄道マニアである彼は、おかきを切符に見立て、天日干しの作業は人一倍丁寧にこなす。彼にとって、もち米の蒸し器は蒸気機関であり、噴き出る水蒸気は機関車の煙や汽笛を連想させる。他の職場では、「仕事ができない」という評価しか受けなかった彼が、ここでは生き生きと働き、かつ質の高いおかきづくりに無

くてはならない担い手になっている。支援者は、彼の見立て（虚構）を共有し、遊びの世界を尊重している。この若者にとって、この作業所で働くことは、まさに魂が活性化する機会になっている。

　このような現象は、決して偶然ではない。パン工房では、新たなメンバーを迎えた際に、当事者間で技術を教えるのみならず、そのメンバーが参加できるように、従来は支援者が支持していた労働編成（作業の分業と協業の編成）を自分たちで再編した。つまり、それまで２名で行っていた作業を、３名で分担できるように工程を工夫し、ユニットを再構成した。この工房では、若者たちが労働現場を自主管理しているといってもよい。休み時間に飛び交う歓声は、彼らがこの仕事を楽しみ、誇りをもっていることをうかがわせる。

（２）　支援者の学び

　このような楽しい活動が実現できたのは、支援者が人間性の回復に価値を置く福祉活動に必然的に付随するジレンマを集団的に乗り越えてきたからである。共同作業所を開設した当時は、作業所は障害者の生存権保障の砦として理解されていた。しかし、ほどなく、支援者が用意した作業を利用者に割り当てるような作業所運営は利用者の個性や要求を顧みずに、制度の枠に押し込んでいることが意識され、さらに交通事故で死亡した障害者の逸失利益が作業所の賃金を基準に算定されたというニュースに接し、「命の値段」を不当に引き下げることに、作業所が加担しているのではないかという疑問がわき上がった。「生存権保障の砦」のはずであるのに、その実践が人権を保障していないという矛盾に直面した支援者たちは、仕事の内容の見直しに取り組み始めた。彼らが見いだした方向性は、人に喜んでもらえる仕事、仕事の一部でなく全工程に携われる仕事、誰もがすぐに技術を獲得できないもの（技術・誇りが身につくもの）、何らかの形で生命にかかわる仕事、を目指すというものであった[19]。

　レオンチェフは活動・行為・操作の３つの次元を区別しているが[20]、それに基づけば、例えば割り箸の袋詰めのような操作ではなく、他者・社会とのかかわりで展開する活動の全体が見渡せ、社会的な意味が了解できる仕事が志向されたといえるであろう。さらには、その意味が、命の循環や支えあいという

人間社会の実体に照らして理解できる仕事、そして工夫し、挑戦することができる仕事が模索されたと言ってよい。このような支援者側の学びと探求によって、麦の郷における労働は享受し鑑賞する対象になっている。

おわりに

　本章で言及した地域福祉実践は、いずれも社会的に排除された人々が、自己を取り戻すための支援と言える。経済効率に価値を見いだす現代社会において、自己の自由な形成が困難な状況に追いやられた人々にとって、「自立」の名の下にその社会への適応を迫られることは、より一層の自己喪失を強要されることになりかねない。もとより、ここでいう現代社会は人権を否定した抑圧的な社会ではない。しかし、現代の社会システムの内部で、辛うじて保持されてきた自己形成の自由が、もはや偶然的になったときに、「自立」は再びロシアンルーレットに参加することしか意味しない。その矛盾は支援者にも反映する。「自立」政策に基づく善意の支援が、当事者の自由を統制することになるという葛藤が生ずるのは必然的である。

　CRISPモデルに代表される支援実践は、創造的活動によって自己形成の基盤を集団的に再建するものであり、「生活を創る生活」の自由を拡張するものであった。対話と協働による創造の過程で、当事者も支援者も、「生活を創る生活」の愉しさを享受し、作品としての暮らしの主体となる。命が躍動することに実践の価値が置かれていると言ってよいであろう。

　そのような主張は、ペスタロッチやルソーが近代の入り口で展望した地平に舞い戻るだけであるかのように見えるかもしれない。しかし、麦の郷の事例が示すように、そのような方向性は、現代社会の限界線上に現れる矛盾に対峙する過程で、新たな思想として生成してきたものである。つまり、支援者が、主流社会からの政策的・社会的圧力に抗しながら、アニマシオンが実現するフラットな関係や活動を生成・発展させる実践の中で、彫琢されてきた思想である。現代社会の限界は近代の限界でもあるが、そこに、生成しつつある新たな教育モデルを見いだすことができるように思われる。

注

1) Thomas Coram Research Unit（TCRU）が行った調査結果で、以下に結果が紹介されている。

　　Clair Cameron and Peter Moss, Social Pedagogy: Current Understanding and Opportunities, Clair Cameron and Peter Moss (Ed), *Social Pedagogy and Working with Children and Young People*, JKP, 2011.

　　Kieron Hatton, *Social Pedagogy in the UK*, Russel House Publishing, 2013

2) Hatton, ibid.

3) Hamalainen, Juha, The Concept of Social Pedagogy in the Field of Social Work, *Journal of Social Work*, 3 (1), 2003.

4) この点を強調したのはミハエル・バフチンであるが、その指摘をも踏まえて表現活動が有する自己形成機能の学習論的意味については、拙稿「成人学習論における記録分析の課題と方法」『日本社会教育学会紀要』No.43、2007 年、および「文章クラブ『色えんぴつ』における意識変化」山田定市編著『地域生涯学習の計画化』北海道大学出版会、1997 年。

5) 権利性に関して、佐藤一子『「学びの公共空間」としての公民館』、岩波書店、2018 年。

6) アート＆ソサイエティ研究センター SEA 研究会『ソーシャリー・エンゲイジド・アートの系譜・理論・実践』フィルムアート社、2018 年。

7) *Homeless in Europe*, Spring 2009, FEANTSA、ハットンの前掲書に概要が紹介されている。

8) 同上報告書、4 頁。

9) 上田假奈代『釜ヶ崎で表現の場をつくる喫茶店、ココルーム』フィルムアート社、2016 年、55 頁。

10) 信頼と信用に関して、拙稿「協同における出会いと学び」『社会教育研究』No22、2004 年。

11) F.C. バートレット（宇津木保・辻正三訳）『想起の心理学』誠信書房、1983 年。

12) 拙稿「「ボーダーレス」下における学校の限界線の拡張可能性」『教育学研究』第 78 巻第 2 号、2011 年。

13) 拙稿「『経済学・哲学草稿』における人間存在論」『北海道大学教育研究院紀要』第 116 号、2012 年。

14) そのためには、経済的な条件も政治的な条件も必要であるが、それらはあくまでも自立のための手段の一つに過ぎない。逆に、就労しても暮らしを創る自由がないならば、自立しているとは言えない。就労条件が、暮らしという「作品制作」の自由度を制限しているのなら、その問題を課題として設定し、何等かの解決を試みながら自由度を拡大する過程として自立を理解すべきであろう。自立とは他者が設定したゴールに到達することではなく、自ら

のものとしての暮らしを創り出す過程を維持することである。
15) 実際には、暮らしは他者との協働によって営まれているので、折り合いをつけるとは、自然や社会との交渉と、それをめぐる協働の過程での交渉を意味している。
16) 増山均『アニマシオンと日本の子育て・教育・文化』本の泉社、2018年。
17) 増山は、マージナルな人々を対象とするSPに対し、社会文化アニマシオンは祭りや余暇などへの広がりがあり、後者を前者に包摂することはできないという、スペインのJaume Trillaの理解を紹介している。同上書、148頁。
18) 拙稿「学童保育の今日的意義」『学童保育研究』12、2011年。
19) 麦の郷の取り組みについては、拙稿「コミュニティ・エンパワメントの論理」『臨床教育学研究』第1巻、2013年、および『笑顔と元気 麦の源流 ― 40年の歩み、そして未来 ―』麦の郷出版、2017年を参照されたい。
20) A.N. レオンチェフ（西村学・黒田直美訳）『活動と意識と人格』、明治図書、1980年。例えば、集団で狩りをする場合、狩りをするという活動の中には、追い込む役や仕留める役などの分業化された行為があり、さらに、個々の行為では、例えば銃などの道具の操作が求められる。

第3章
松江市公民館体制における地区社会福祉協議会の位置
— 地域基盤の変動と職員制度の発足に着目して —

はじめに

　近年、島根県松江市の公民館に注目が集まっている。これまで松江市の公民館は、住民の参加と学習に基づく特徴的な福祉活動を行っている事例として主に地域福祉の分野から評価されてきた[1]。それが近年になって、社会教育の分野でも注目される存在になった。社会教育の分野で松江市の公民館を早くに紹介した論稿としては末本（2011）が挙げられる[2]。その後、松田（2015）が社会教育福祉を理論化するうえで松江市の公民館を取り上げた。それは「地域に社会教育福祉の理念を実現するための新たな公民館（社会教育）構想」[3]の一つとして捉えられている。本書の序章でも、社会教育福祉の体制や職員のあり方を考察する際に、国内の注目すべき事例として参照されている。

　松江市の公民館体制の特徴は、第1に公設自主運営方式を長らく採ってきた点である。市は1966年から公民館の運営を地元の地域に委託してきた。2006年からは指定管理者制度を導入したが、公募を実施せず、地元の地域による運営を継続している。また、第2の特徴は公民館と社会福祉協議会の関係にある。松江市では、1960年代から地区ごとに社会福祉協議会の設置を進めてきた。その際、地区社会福祉協議会の事務局を公民館に置いて地域の福祉活動に取り組んできた。さらに1988年度からは順次、各公民館に地域福祉の担当職員を配置してきた。

　以上のとおり松江市の公民館は、地元の地域によって運営されながら、地域

福祉を推進していく拠点としても機能してきたことが注目されている。これを受けて本章では、松江市の公民館が公設自主運営方式を採ってきた点と地区社会福祉協議会の事務局を担ってきた点について掘り下げて、そのような体制が構築されてきた背景に迫ることとする。加えて、このような松江市に独特な公民館体制が、過疎化や高齢化の進む今日も維持されており、市町村合併という地域基盤の変動があってもなお機能している点に注目する。さらにそのなかで松江市では、公民館で働く職員の意識向上を視野に2015年から公民館社会教育主事制度を発足させた。本章ではこうした新たな動きにも触れつつ、公民館の成り立つ地域基盤が揺らいでいるなかに社会教育と福祉の位置関係を探っていくこととする[4]。

1. 松江市の公民館体制と社会福祉協議会

（1）松江市における公民館の設置と運営

　山陰地方の中核市の一つである島根県松江市は、人口203,787、世帯数89,199、高齢化率28.7％（2018年1月時点）の自治体である。市内には計32館の地区公民館が設置されている。

　松江市における公民館の設置は、1952年にはじまる。同年に「松江市公民館設置及び管理に関する条例」が制定されて、市役所支所に公民館が併置された。それ以降、町村合併等にあわせて支所や出張所、学校や保育所などの既存の施設に併設する形で公民館の整備が進んだ。その後、1962年には全館が独立館となり、館舎の建て替えも順次行われた[5]。

　松江市の公民館が公設自主運営方式を取り入れたのは、表3-1に示すとおり、1966年からのことである。導入の経緯としては、市の財政状況の悪化があったとされる[6]。松江市は1964年から1971年まで、財政赤字の拡大にともない地方財政再建促進特別措置法の適用を受けた。いわゆる財政再建団体となった。この財政状況の悪化を機に、公民館の運営のあり方が議論された結果、1966年から順次、公民館の運営を地元の地域に委託していく制度が開始された。この制度では、まずそれぞれの地区で地域団体の代表者等からなる公

表3-1　松江市の公民館をめぐる動き

年	公民館をめぐる動き
1952（昭和27）	市役所支所に併設する形で公民館を設置する。以降、各地に公民館の設置を進める。
1960（昭和35）	市内で全20館の公民館体制となる。
1964（昭和39）	市の財政状況が悪化して、財政再建団体となる。
1966（昭和41）	公民館の公設自主運営方式を開始する。
1972（昭和47）	市内で全20館の公民館が公設自主運営化に移行を完了する。
1981（昭和56）	市内で1館の公民館が新設される。市内で全21館の公民館となる。
2005（平成17）	松江市と周辺7町村の合併が実施される。旧町村の合併地区に直営方式の公民館が生じる。
2006（平成18）	公民館の管理・運営に指定管理者制度を導入する。
2008（平成20）	合併地区の直営方式の公民館について、地元の理解を得ながら、公設自主運営方式への移行を進めはじめる。
2011（平成23）	松江市と1町の合併が実施される。旧町の合併地区に直営方式の公民館が生じる。
2015（平成27）	松江市公民館社会教育主事制度に基づき、公民館統括社会教育主事及び公民館社会教育主事の委嘱が実施される。
2016（平成28）	2つの合併地区において、公民館の統合が実施される。

出所：松江市生涯学習課へのヒアリング（2015年9月14日実施）および同課提供資料に基づき作成。

民館運営協議会を組織する。そのうえで、公民館職員である主任や主事については公民館運営協議会が雇用する。また、公民館運営協議会は専門部として総務部、福祉部、青少年部、体育部などを組織する。そのうえで公民館事業の企画・運営については専門部を中心に企画・実施していく。

　公設自主運営方式の導入については、福間（2006）が「実際には、地域住民に大きな戸惑いを与え、反発もありました。しかし、この困難な状況を、地区住民や公民館自身の努力によって乗り越え、それぞれの地区住民が、自ら企画実施する、いわゆる『住民による住民のための住民の公民館』づくりが進んでいき、1972（昭和47）年に全ての公民館が公設自主運営方式となりました」[7]と振り返る。市からの委託によって地域が公民館を自主運営するという仕組みは、必ずしも容易に浸透したわけではなく、住民の理解と協力を得ながら地区

ごとに進んでいった状況があった。この自主運営方式の導入は、1966年に5館、1967年に3館、1968年に4館、1969年に1館、1971年に6館と徐々に進み、最後の1館が1972年に移行した。これにより、当時市内に20館あった地区公民館はすべて地元委託となった[8]。

この間の市政の状況をみると、毎年度のように職員の削減が進められていた。職員数は1964年度に44人、1965年に19人、1966年に22人を減じた。以後1969年度まで職員の削減が続いたと記録される[9]。各公民館の運営を地域に委託していく動きも、市の正規職員の削減につながったと考えられる。この時期の松江市では、自治体がそれまで担ってきた公共領域を問い直し、行政を縮小していく動きが顕著に進んでいたといえる。しかしそのなかでも、公民館を廃止することはせず、地元への運営委託によって職員数の削減を図ることで、公民館自体を存続させるという政策が選択された。その体制が長らく続いている。

その後、2003年に地方自治法が改正された。公の施設の管理主体を広げて、民間企業や市民団体等の参入を可能にする指定管理者制度が導入された。これを受けて松江市では、2006年9月より、同制度の管理者として各地区の公民館運営協議会を指定して、同制度の枠組みの中で公民館の自主運営方式を継続している。

（2） 松江市における地区社会福祉協議会の発足

松江市では、1951年に市の社会福祉協議会が発足した。同年に施行された社会福祉事業法が未だ市町村レベルの社会福祉協議会に関する規定を持たなかった時期、松江市では早くから市レベルと地区レベルで社会福祉協議会の組織化に取り組んでいたといえる。そのことは、「創立以来、市内二十一公民館の地区ごとに、社会福祉協議会の結成を急ぎ、すでに全地区での組織化を終わって、活動の基盤とした」[10]と記録される。特に地区レベルで社会福祉協議会を組織化していく際、その事務局を地区公民館に置いたという点が松江市における地域福祉の推進体制の特徴である。とはいえ、単に事務局を設置したからといって、地域福祉活動が具体的に展開するとは限らない。地区社会福祉協

議会の草創期の活動は、募金活動や敬老会の開催が主であったという[11]。地区社会福祉協議会は、発足当初から地域の福祉課題に踏み込んだ事業を展開していたのではなかった。

その後、地区社会福祉協議会が地域の福祉問題に向き合い、その解決にあたる活動を担うようになったのは、新たな職員の配置が大きかったといえる。具体的には、1988年度から1996年度まで、各地区社会福祉協議会に福祉協力員が配置された。その後1997年度から2010年度までは、地域保健福祉担当職員が配置された。地区ごとに福祉の専門職員が配置されたことで、地域での見守り活動や公民館でのミニデイサービス、サロン事業をはじめ、多くの福祉事業が実施されるようになった。福間（2006）は、「地区社協の活性化に伴い、公民館と地区社協の連携や役割が議論された結果、各公民館に地域保健福祉推進職員が配置され、公民館長が地区社協の役員を兼務するなど、お互いの相乗効果を期待しつつ一体的に運営する方向で現在に至っています」[12]と説明する。

地域保健福祉推進職員は、市の福祉部の予算で各公民館に配置された[13]。この職員は、公民館を職場に地域を対象とした業務を担うなかで、社会福祉協議会の活動に限定せず、公民館事業にも関わる存在として働いていた。このような体制のなかで、公民館を拠点とする小地域に視野を定めつつ、住民の学習の条件整備を図り、住民同士の連帯や福祉を含む生活課題に目を向けていくことが可能になった。

また、松江市では2001年度から2004年度にかけて、地区ごとの地域福祉活動の計画づくりを進めた。それらを『21の行動プラン』にまとめたのち、そこから市全体の計画について議論するというボトムアップのプロセスによって『まつえ福祉未来21プラン』を策定した[14]。各地区から市全体へというプロセスでの計画づくりを可能にしたのは、各地区の公民館において、社会教育の視点を持った職員と社会福祉の実現を考える職員の双方が、自身の立場や担当業務の境界を超えて、地域や住民のために生活課題や福祉課題を学び合って議論していく素地が整っていたことが大きいと考えられる。

2. 松江市における公民館と福祉の融合

(1) 松江市の公民館と社会福祉協議会を捉える視点

　松江市の公民館と社会福祉協議会のあり方は、社会福祉と社会教育の分野でどのように捉えられているのであろうか。社会福祉の分野では、地域福祉計画を小学校区レベルの小地域からボトムアップで作成した点が注目されている。これは特に上野谷ら（2006）による研究が代表的である[15]。2010年9月には、特定非営利法人全国コミュニティライフサポートセンター（CLC）が、松江市を会場として第4回「全国校区・小地域福祉活動サミット」を開催した。同サミットは、2007年に大阪府豊中市で第1回を実施したのち、兵庫県西宮市・宝塚市で第2回、滋賀県大津市で第3回と近畿地方での開催を続け、そののち中国地方における最初の開催地が松江市となった。いずれの開催地も、小学校区などの小地域を基盤とした地域福祉の実践に蓄積のある自治体である。松江市では、地区社会福祉協議会の事務局を小学校区ごとの地区公民館に置くという体制のなかで、住民が学びを通して福祉計画づくりに参加してきた[16]。こうした点への評価が、同サミットの開催地となった背景にあったものと考えられる。

　一方で社会教育の分野においては、松田（2015）が、松江市の公民館体制を取り上げながら、社会教育と福祉との入れ子的構造の現代的な編成について次のように論じている[17]。すなわち、戦後の公民館構想はもともと福祉領域を含み込んで存立しようとしていたが、福祉機関が整備されるにともない、公民館における福祉的要素が消滅し、教育と福祉の分離が進んでいったと指摘する。このような歴史のなかでも松江市では、「公民館に福祉職員を配置することにより、縦割り行政を乗り越えて社会教育と福祉が融合した実践が展開されている」[18]と指摘している。

　また、近年の公民館再編の動向のなかでも、松江市の公民館は取り上げられている[19]。松本（2017）は、公民館と福祉の関連をめぐって、福祉的公民館事業と公民館的福祉事業、すなわち公民館の専門部における福祉部の事業等と

地区社会福祉協議会の事業を区別したうえで両者の交わりや重なりを捉える必要性を主張した[20]。そのうえで、「松江市の公民館は決して福祉公民館ではない。松江市の公民館は社会福祉協議会とイコールでもない。公民館にとって社会福祉協議会はパートナーであり、親友であり盟友であると考えている」[21]と指摘している。

以上より、社会教育の分野において松江市の公民館体制は、福祉との融合という枠組みで捉えられつつも、一方で公民館と社会福祉協議会の目的や組織の固有性を踏まえて、両者を区別したうえでその交わりや重なりを捉えようとする視点が形成されているといえる。

(2) 公民館と社会福祉協議会の関係に対する提起

松江市における公民館と福祉の融合をめぐって、松浦（2006）は「公民館における生涯学習と福祉活動を一体のもので行うべきという考え方から、昭和30年代後半から50年代前半にかけて、公民館に地区社会福祉協議会の事務局を設置してきました」[22]と説明する。地域福祉の推進にあたって公民館が地区社会福祉協議会の事務局を担っていく動きは、地域や公民館の側から求められたのではなく、市や社会福祉協議会の側から要請されていたという経緯が理解される。しかし、どのような背景があって、公民館に対してそのような要請がなされたのであろうか。この問いについては、松江市を取り上げてきた先行研究のなかでも十分に説明されてきたとはいえない。そこで以下では、松江市において公民館に地区社会福祉協議会の事務局を置くことが要請された経緯の背景に迫るため、当時の地域福祉をめぐる思想や議論に焦点を当てて、社会教育や公民館がどのように理解されていたかをみていく。

戦後日本における社会福祉協議会の整備に携わった代表的な人物の一人として、牧賢一（1904-1976）を挙げることができる。牧は、1953年に刊行した『社会福祉協議会読本』の最終章を「市町村社会福祉協議会と公民館との関係について」と題して、各地の現状に基づいて両者の関係を整理した[23]。市町村社会福祉協議会と公民館に関する歴史や法制を検討して、両者の相違点と類似点を指摘した。牧は、社会福祉協議会が社会福祉の増進を直接的な目的と

するのに対して、公民館はそれを間接的な目的とすると整理して、両者の関係を「公民館の意図する『生活文化の振興』が、協議会の目的とする『社会福祉の増進』の原動力になる」[24]という構図で捉えた。さらに、両者がセツルメントとしての社会事業という同じ理論から出発していることに触れて、「元をただせば同じ畑、同じ理論に根ざしている公民館と協議会が、いろいろな面ではつきり区別ができないということは当然なのである」[25]と指摘した。

　また、地域福祉論を住民の主体形成や組織化に踏み込んで議論してきた岡村重夫（1906-2001）は、1959年に「社会福祉と社会教育 ― 特に社会教育と社会福祉の関連について ― 」[26]を著した。岡村は、社会福祉と社会教育が密接不可分な関係にあるとともに、「今日各校下にすすめられつつある小地域社会福祉協議会も、個々の生活問題を解決するよりは、むしろ問題を発見し、話合う場であるから、この点において社会教育と社会福祉は同じ小集団を組織の根として発展してゆくべきものであろう」[27]と主張した。校区という小地域を基盤に社会福祉と社会教育を重ね合わせていく構想が、地域福祉の研究において示されていたといえる。

　以上のような整理や構想は、1962年に公布された「社会福祉協議会基本要項」にも色濃くみられる。同要項の第六条は「市区町村社会福祉協議会は、その活動が地域住民の生活と直結するように学校通学区または旧町村程度の地域ごとに、その地域の社会福祉協議会またはこれに準ずる協議ならびに実践の組織を設け、もしくは既存の組織を活用し、社会福祉や保健衛生等に関する活動の推進をはかる」と規定する。1962年に全国へ向けて発信された同要項では、地区社会福祉協議会を展開していく方策の選択肢として、地区レベルの小地域を対象区域とすること、また、既存の組織を活用することが示されていた。その区域と組織こそ、松江市においては当時設置を進めていた地区公民館にほかならなかったと捉えることができよう。

3. 松江市公民館体制の成り立つ地域基盤

（1） 住民参加の公民館運営と地域福祉の展開

　公民館を地域が自主運営している松江市では、図 3-1 に示すとおり、その運営予算の歳入に、地元費と呼ばれる区分がある。地元費とは、それぞれの地区において住民から集めた公民館運営のための協力金である。その額は地区によって異なり、一世帯あたり年間 350 〜 2,500 円程度である。任意で集められている費用であるが、高い納入率を維持している地区も少なくない。歳入に占める割合も小さくなく、公民館の運営にあたって重要な財源となっている。基本的に、管理費の 3 割相当を地元費で負担するほか、事業の拡大にあたっても地元費を充当している[28]。

　また、表 3-2 には具体例として松江市の中山間地域に立地する A 公民館の地域団体会費額を示した。A 地区の場合、計 8 つの地域団体の会費が集められている。公民館については一世帯あたり年 2,400 円、社会福祉協議会については年 700 円の納入である。地域団体の会費総額のうち大きな割合を占めているのが公民館であるといえる。表 3-2 のとおり、地域団体別に会費の金額や支払

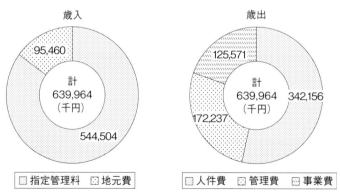

図 3-1　松江市公民館の運営予算
出所：松江市公民館運営協議会連合会・公民館長会・公民館協議会「松江市の公民館」2017 年 9 月に基づき作成

表3-2 地域団体会費額の例 ― A公民館の場合 ―

(1世帯あたり)

団体等名	年額（円）	支払方法
公民館	2,400	(200円×12回)
消防後援会	1,000	(500円× 2回)
自治協会	1,000	(500円× 2回)
体育協会	1,000	(500円× 2回)
社会福祉協議会	700	(700円× 1回)
交通安全対策協議会	400	(400円× 1回)
町民体育大会	500	(500円× 1回)
教育会費	2,000	(400円× 5回)
合計	9,000	

出所：A公民館・A地区諸団体発行「団体だより」平成27年度版に基づき作成

方法が分かれているため、予算は独立して編成されている。会費の使途が明瞭になることから、それぞれの団体に住民がオーナーシップを持つことにつながると考えられる。

（2） 地区の事務局が集約された公民館

　公民館は、対象区域内のさまざまな地域団体にどのような関わりを持っているか。松江市における公設自主運営方式の公民館は、町内会・自治会連合会や体育協会をはじめ、地域のさまざまな団体の事務局を引き受けている。むろん地域団体の自主性という観点からすれば、各団体が公民館に依存せず自立した運営を進めていくことも重要である。しかし松江市では、公民館が社会教育施設としての役割とともに、地域の拠点としての役割を担っている点が特徴である。ほとんどの館でそれぞれ10以上の地域団体の事務局を置いている。最も少ない館でも6団体、最も多い館では18団体の事務局を担っている[29]。それらの団体のうち一つに地区社会福祉協議会が位置づけられている。

　しかし、ひと口に事務局を置くといっても、各団体の会計や企画に対して公民館がどこまで関与するかは地区や団体の状況によって異なる。そのなかで、

地区社会福祉協議会に限っては企画も会計も公民館が事務局を担う体制が基本となっている。また、各団体の活動範囲は公民館の対象区域と一致する。そのため、さまざまな地域活動を関連づけて展開しやすいという利点もある。このように地域団体の事務を公民館において集約して担うことによって、公民館が地域の人、情報、資金をつなぐハブ（hub）としても機能していると捉えられる。

表3-3 地域団体役員と公民館運営の例 ― A公民館の場合 ―

		公民館運営協議会	自治協会	地区社会福祉協議会	まちづくり懇話会	寿会	青少年育成協議会
公民館運営協議会		会　長 副会長 副会長	顧　問 理　事 副会長	理　事 ― ―	構成員 ― ―	― ― ―	― 理　事 ―
自治協会		会　長 副会長 副会長	運営委員 副会長 ―		理　事 ― ―	副会長 ― ―	― ― ―
地区社会福祉協議会		会　長 副会長 副会長 副会長	運営委員 運営委員 ― 運営委員	― 顧　問 ― ―		構成員 会　長 ― 幹　事	理　事 ― ― ―	― 副会長 ― ―
まちづくり懇話会		会　長 副会長	運営委員 運営委員	顧　問 会　長	副会長 理　事		― ―	副会長 ―
寿会		会　長 副会長 副会長 副会長	運営委員 運営委員 ― ―	― ― ― ―	理　事 理　事 ― ―	構成員 幹　事 ― ―		― 会　長 ― ―
青少年育成協議会		会　長 副会長 副会長	運営委員 運営委員 運営委員	― ― ―	理　事 副会長 ―	幹　事 会　長 構成員	副会長 ― ―	
公民館		館　長	事務局	理　事	理　事	構成員	理　事	幹　事

出所：A公民館提供資料に基づき作成

加えて公民館は、単に地域団体の事務を抱えるのではなく、地域団体の運営に深く関わりうる体制を築いている。表3-3は、A地区を事例に、ある地域団体の役員が他の地域団体ではどのような役職を担っているかについて整理したものである。表3-3によれば、まず、公民館の館長が主要な地域団体の役職を担っている。さらに、複数の地域団体で役員を兼務している人が多数みられる。もちろんこのような状況は、地域のなかで一部の人に役職と権限を集中させているという点で課題ともいえるが、一方でこのように地域団体の運営を担う人に重なりがみられることは、地域に人のネットワークを編み出していくうえで関係の結び目をつくり、団体間での情報共有や意思疎通を図る際に役立つことが期待される。

4. 松江市公民館体制をめぐる新たな展開

(1) 市町村合併にともなう「松江方式」への移行

島根県は全国でみても平成の市町村合併が大きく進んだ都道府県である。既存の市を核とした新設方式で合併を進めたところが多く、県内の市町村数は1999年度の59（8市41町10村）から平成の合併を経て2009年度には21（8市12町1村）に、さらに2011年度の合併で19（8市10町1村）にまで減少した。

松江市では、2005月3月に八束郡鹿島町、島根町、美保関町、八雲村、玉湯町、宍道町、八束町と、また2011年8月に八束郡東出雲町と合併した。周辺8町村との大規模な合併によって、面積572.99km²という広大な市となった。また、合併前の旧町村には、中央公民館や地区公民館さらに分館を有する町村もあったことから、これらを合併後にどのような体制として運営していくかが課題となった。旧市部と旧町村部のあいだでは、公民館の運営体制が大きく異なっていたからである。表3-4のとおり、旧市部では「松江方式」と呼ばれる独特の公設自主運営方式と地区社会福祉協議会事務局の設置が続けられてきたのに対して、合併地区の旧町村では行政による直営方式であり、社会福祉協議会についても別建てで組織されていた。

表 3-4　運営方式別にみた公民館への地域団体事務局設置状況（2011 年度末時点）

主な地域団体	旧松江市公民館 （公設自主運営）	合併地区公民館 （市直営）
町内会自治会連合会	◎	×
社会福祉協議会	◎	×
同和教育推進協議会 人権同和推進協議会	○	○
体育協会	◎	△
交通安全対策協議会	○	×
青少年育成協議会	◎	△
子ども会育成協議会	○	△

【凡例】
◎ すべての館に事務局がある。
○ ほぼすべての館に事務局がある。
　（ごく一部の館のみ例外）
△ 一部の館に事務局がある。
× 事務局を置いている館はない。

出所：支所と公民館のあり方検討委員会「支所と公民館のあり方」資料、2012 年、p.17 に基づきデータを抜粋して作成

　市教育委員会から諮問を受けた松江市公民館制度検討委員会は、2007 年に答申「新松江市における公民館制度」を取りまとめ、合併地区の旧町村部の公民館も指定管理者制度による公設自主運営方式に一本化するという方針を示した。また、2012 年に支所と公民館のあり方検討委員会がまとめた報告書では、図 3-2 にみるとおり、公民館が地区社会福祉協議会や地域団体との関係性を見直していくことが提起された[30]。具体的には、直営方式の公民館を公設自主運営方式に移行したのち、諸団体事務局や地区社会福祉協議会を公民館に集約することが示された。さらに、旧町村内に複数の公民館があった場合は、支所との複合化を図りながら、公民館を 1 館に統廃合することが目指された。

　以上のような方針に基づいて、市町村合併後に条件の整った地区から、公民館を「松江方式」の体制に移行する政策が進められた。その結果、2008 年に旧宍道町で公設自主運営方式に移行したことを皮切りに、2009 年には旧美保関町と旧島根町で、2010 年には旧八雲村、旧玉湯町、旧八束町でそれぞれ移行を完了した。また、2016 年に旧鹿島町で移行が完了した。これにより、2018 年 12 月現在、直営方式の公民館は、旧東出雲町の 4 館のみとなっている。

　直営方式から公設自主運営方式に移行を完了した合併地区のうち、一例としてB地区では、松江市との合併前には中央公民館 1 館と地区公民館 3 館の計 4

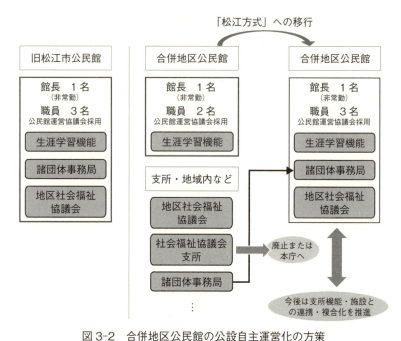

図3-2　合併地区公民館の公設自主運営化の方策
出所：支所と公民館のあり方検討委員会「支所と公民館のあり方」報告書、2012年、pp.7-18に基づき作成

館が設置されていた。合併後、図書館との複合化を図りながら、旧町内の4館の公民館を新築の1館に統廃合した。そのうえで統廃合の翌年度から、地区で発足させた公民館運営協議会による自主運営化を始めた。しかし、完全な「松江方式」を実施するには、公民館を地元費で運営していく仕組みの導入も課題となる。とはいえ、地元費の導入は即座に実現されなかった。長らく行政による直営が当たり前であった地域において、公民館を運営するための費用を各戸から集めるという体制を築くには、公民館が自分たちのものであり、地域のための活動を展開しているという認識が住民に共有されていなければ難しい。B地区の公民館では、公設自主運営方式への移行から9年後、公民館の取り組みが充実して地域の機運も醸成されてきたとして、1戸あたり年間500円の地元費を集め始めるに至った[31]。

またB地区では、合併前の旧町時代は社会福祉協議会の事務局が福祉セン

ターに置かれていた。さらに合併前は、旧町全体の町社会福祉協議会と旧町内3地区ごとの地区社会福祉協議会が組織されていた。これも完全な「松江方式」にするうえでは、社会福祉協議会の再編を行い、その事務局を公民館に置き直す必要がある。そこでB地区では、旧B町社会福祉協議会を松江市社会福祉協議会B支所として市役所本庁へ移管し、旧町内の3地区社会福祉協議会ではその連合会を組織した。そのうえで、公民館の自主運営化から3年後、地区社会福祉協議会連合会の事務局を公民館に移した[32]。

　このような合併地区における公民館の統廃合と運営・組織体制の再編のなかで、旧町村にあった多くの地区公民館や分館が廃止されており、その建物や土地は自治会集会所として譲渡・貸付されたり解体されたりしている。

（2）松江市公民館社会教育主事制度の発足

　松江市の地区公民館の職員体制は、基本的に館長1名、主任1名、主事2名である。2010年度までは主事が1名で、これに加えて地域保健福祉推進職員が置かれていた。2011年度から地域保健福祉推進職員の配置が終了したことにともない、それに代わって公民館の主事1名が追加された。この増員分にあたる主事は、公民館のなかでも福祉部門の事業を担当しており、かつ、地区社会福祉協議会の事務を遂行する役割を担っている。

　職員の採用と雇用について、公設自主運営方式の公民館では次のような形態である。まず、館長は市採用の非常勤特別職である。次に、館長のもとに配置される主任と主事の計3名は、公民館運営協議会に採用される常勤職員である。公民館主任・主事の給与制度は、地方公務員に準じており、1級から3級までの3階級制である。主任・主事に加えて、松江市の公民館では、2016年度までは市内を5ブロックに分けて、ブロックごとに地域活動コーディネーターを配置していた。この職員は、ブロック内の複数の地区公民館の連絡と調整を図る役割を担っていた。2017年度から地域活動コーディネーターの制度は終了し、新たに主幹という職位が設けられた。主幹は、市内でも人口の多い地区にある5つの地区公民館に配置されることとなった。

　公民館職員の待遇について、かつては各地区で集まった地元費に応じて館

長の給与が地区によってばらつきのあるような時代もあった。しかし現在では、公民館運営協議会連合会が一括して職員募集を行い、給与・待遇制度を市内で統一している。ただし、雇用契約については地区ごとの公民館運営協議会となっている。そのため、他館へ異動する場合は、人事交流として行われている。

　こうしたなか松江市では、社会教育主事資格の積極的な活用が進められている。2015年9月時点で、公民館職員88名中59名が社会教育主事の任用資格を有している。そのほか、14名が社会教育主事講習を受講中である[33]。しかし、松江市の公民館は指定管理者によって運営されているため、社会教育法第9条の2が示す規定に当てはまらない。同条項では、社会教育主事の配置はあくまでも都道府県及び市町村の教育委員会の事務局であって、指定管理者への配置は想定されていないのである。

　そこで松江市では、職員本人の意欲向上と対外的なアピールを図り、資格取得を通して社会教育を担う者の専門的・技術的な能力を向上しようと、2015年5月19日、松江市公民館社会教育主事制度を創設するに至った。その要綱は資料3-1のとおりである。松江市では、公民館の職員が日ごろから意欲的に研修を重ねており、高い割合で社会教育主事の任用資格を有していた。こうした状況を踏まえて職員の資格取得を資質向上につなげようという趣旨で、それ以前から公民館長会で出されていた意見をもとに、本制度が構想されたという[34]。

　松江市公民館社会教育主事制度は、発足当初、地域活動コーディネーターに公民館統括社会教育主事を、各公民館の主任に公民館社会教育主事をそれぞれ委嘱した。この委嘱によって新たな報酬が生じるものではないが、2015年6月1日付でそれぞれ5名の計10名に委嘱が行われた。2016年度からは、指定管理となっている全館の該当職員に委嘱が行われて、公民館統括社会教育主事5名、公民館社会教育主事28名の計33名に広がった。その後、地域活動コーディネーター制度の廃止にともなう要綱の改訂が実施されて、公民館社会教育主事に一本化された。資料3-1はその時点での規程である。

　松江市では、社会教育主事講習の受講はもちろん、公民館職員の各種研修への参加は各公民館の判断に任せられている。職員が研修に参加する際は、他

資料3-1　公民館社会教育主事に関する要綱

松江市公民館社会教育主事の委嘱に関する要綱

（目的）
第1条　この要綱は、指定管理者が管理する公民館の業務に従事する職員（以下「公民館職員」という。）に、社会教育法（昭和24年法律第207号。以下「法」という。）に規定する社会教育主事に準じた職を委嘱することで、公民館職員の専門的・技術的な能力の向上を促し、市民の主体的な地域づくりを支える公民館活動の充実、発展に寄与することを目的とする。

（委嘱する職）
第2条　公民館職員に委嘱する職は、次に掲げる公民館職員の職の区分に応じて定める職とする。
　主幹及び主任　　公民館社会教育主事

（委嘱の要件）
第3条　松江市教育委員会教育長（以下「教育長」という）は、松江市公民館長会から推薦のあった公民館職員のうち、次の各号のいずれにも該当する者を委嘱する。
(1) 法第9条の4に規定する社会教育主事となる資格を有すること
(2) 主幹又は主任の職にあること
(3) 職員としての能力を高めるための研修会等に積極的に参加する者であること
(4) 公民館活動の充実、発展のために意欲を持って取り組もうとする者であること

（職務）
第4条　公民館社会教育主事の職務は、次のとおりとする。
(1) 公民館職員の専門的・技術的な能力開発に関すること
(2) 広域課題に対応した公民館事業の企画立案、実施に関すること
(3) 学校等教育機関との連携・協力に関すること
(4) 生涯学習関係団体との連携・協力及び活動支援に関すること
(5) 公民館事業の評価指針の策定及びマネジメント・サイクル（PDCA）の導入・実施に関すること

（解嘱）
第5条　教育長は、第3条第1号から第4号までのいずれかの規定に該当しないと認められるときは、その職を解嘱することができる。

（委任）
第6条　この要綱の施行に関し必要な事項は、教育長が定める。

　　附　則
　この要綱は、平成27年5月19日から施行する。

　　附　則（平成29年3月14日決済）
　この要綱は、平成29年4月1日から施行する。

　　附　則（平成30年3月23日決済）
　この要綱は、平成30年4月1日から施行する。

の職員が通常の業務をカバーしている。その際、研修にかかる費用は、公民館運営協議会への指定管理料に含まれているものとされ、市として別に研修費の予算を組むことはしていない。こうしたなかで、地区によっては公民館職員の研修のために地元費を利用しているところもあるという[35]。そのような場合、職員が地元からの信託や期待を受けて研修に出向くという構図になるため、研修で得られた成果を地元へ還元しようという意識を生むことににつながると考えられる。

おわりに

近年、各地の自治体で公民館の再編が進んでいる。指定管理者制度の導入もその形態の一つとして捉えられている[36]。しかし本章でみてきたとおり、松江市の公民館体制は、単に公民館再編の一形態として説明しきれるものではなかった。

松江市の公民館体制をめぐっては、1960年代からの市の財政状況の悪化にともなって、地元の地域への委託を進めてきたという経緯が説明されてきた。しかし、そのとき始まった自主運営の体制を、むしろ強みにしてきた面もある。松江市の公民館は、地区に多数ある地域団体の事務を束ねて、人のネットワークの結び目となり各団体の活動を支えていた。公民館が地域に根を張り、社会教育施設としての役割に限定せず、地域活動の拠点としてその存在意義を高めてきたといえる。そうした数ある諸団体の一つに地区社会福祉協議会も含まれていたが、その位置づけについては他の地域団体と並列に捉えられるものではなかった。

松江市では、地域福祉の展開にあたって公民館に地区社会福祉協議会の事務局を開設して、のちに地域福祉の担当職員を配置してきた。こうして福祉職員と公民館主事が、同じ職場で同じ地区を対象に社会福祉と社会教育の双方の視点を持って働くことによって、一方では公民館事業を生活課題や福祉課題の次元に深めて企画・実施することにつながり、他方では公民館を拠点に地域福祉活動や地区福祉計画づくりを展開するという相乗効果が生まれたと捉えられ

る。その後、各館への福祉職員の配置は終了したが、それに代わって公民館主事が1名増員で配置されるようになった。この公民館主事の立場で配置されるようになった職員は、公民館の運営業務の分掌として地区社会福祉協議会の事務を担っている。これまでのように福祉職員として別個の立場ではなく、新たに公民館職員の一人として位置づけられており、公民館の職員体制において社会教育と福祉が以前よりも高い融合度で運用されている状況をみることができる。一方、公民館主事が地区社会福祉協議会の事務局として決められた業務を遂行するなかで、社会教育の企画や実践に取り組む余地がなくなれば、名ばかりの公民館主事にもなりかねない。

また松江市では、国が指定管理者制度を導入するより50年近く前から、公民館に自主運営方式を導入していた。その体制は今日も持続しており、平成の合併で新たに松江市となった旧町村の公民館にも同様の仕組みを導入している。公民館の運営に関する自治体の政策として、松江市では直営方式よりも公設自主運営方式が優位な仕組みとして選択されているといえる。

こうしたなか、新たな動きとして2015年に松江市公民館社会教育主事制度が発足した。この制度については、専門職として社会教育主事を発令できない条件下において、有資格の職員に委嘱を通して肩書きを与えることによって、意識向上を図り専門性を高めようとする動きとして理解することができる。このような松江市の動きは、国が2020年度から実施する新たな社会教育主事制度のなかで社会教育主事の任用資格取得者に社会教育士の称号を与えるという改革に対して、結果的に先を行くような試みになったと捉えられる。

このように、松江市における公民館の運営方式や職員制度には、国の地方自治や社会教育に関する大きな改革を先取りするような動きがみられる。かつて松江市の公民館は、社会教育の分野ではあまり大きく取り上げられることがなかった。しかし、社会教育福祉の枠組みからその体制に焦点を当ててみると、現代の社会教育の限界性と可能性を検討するうえで示唆に富む取り組みが蓄積されているといえる。松江市の公民館体制において社会教育と福祉がいかなる位置関係にあるかを解明し、その体制が地域で生活する人々の善き状態（well-being）を生み出しているかを検証することによって、社会教育福祉の理論を

構造的に把握していくことが今後の課題である。

注
1) 上野谷加代子・杉崎千洋・松端克文編（2006）『松江市の地域福祉計画 ― 住民の主体形成とコミュニティソーシャルワークの展開 ― 』ミネルヴァ書房。
2) 末本誠（2011）「松江市公民館の特徴と注目点」財団法人ユネスコ・アジア文化センター（ACCU）『平成 22 年度「生涯学習施策に関する調査研究」公民館の活用方策に関する調査研究報告書』pp.55-63。
3) 松田武雄編（2015）『社会教育福祉の諸相と課題 ― 欧米とアジアの比較研究 ― 』大学教育出版、p.17。
4) 本章は、丹間康仁（2016）「松江市公民館にみる社会教育と地域福祉の重なり ― 自主運営化の経緯と事務局機能に着目して ― 」松田武雄編『社会教育と福祉とコミュニティ支援の比較研究』第 1 号、pp.11-16 をもとに、さらなる文献調査と 2018 年 8 月 21 日に実施した現地調査を踏まえて大幅に加筆したものである。
5) 松江市誌編纂委員会編（1989）『市政施行一〇〇周年記念 ― 松江市誌 ― 』pp.1460-1468。
6) 須田敬一（2006）「21 地区における『地域福祉活動計画』― 公民館活動と地区社協活動の総合化 ― 」上野谷・杉崎・松端編、前掲書、p.75。
7) 福間敬明（2006）「公民館活動と地区社協活動にみる住民の主体形成」同上書、p.163。
8) 松江市誌編纂委員会編（1989）、前掲書、pp.1462-1463。
9) 同上、pp.656-661。
10) 同上、p.731。
11) 須田（2006）、前掲論文、p.77。
12) 福間（2006）、前掲論文、p.165。
13) 谷正次（2006）「『まつえ福祉未来 21 プラン』の策定プロセスとその内容 ― みんなでやらこい福祉でまちづくり ― 」上野谷・杉崎・松端編、前掲書、p.90。
14) 須田（2006）、前掲論文、pp.75-89。谷（2006）、前掲論文、pp.90-104。
15) 上野谷・杉崎・松端編（2006）、前掲書。
16) 上野谷加代子・松端克文・斉藤弥生編（2014）『「対話と学び合い」の地域福祉のすすめ ― 松江市のコミュニティソーシャルワーク実践 ― 』全国コミュニティライフサポートセンター（CLC）。
17) 松田編（2015）、前掲書、pp.5-6。
18) 同上、p.17。
19) 上田幸夫（2017）「課題研究〈公民館再編研究：テーマ「公民館再編」の計画〉記録とまとめ」日本公民館学会編『日本公民館学会年報』第 14 号、p.118。

20) 松本祥一（2017）「松江市の公民館の現状と課題」同上書、pp.41-49。
21) 同上、p.47。
22) 松浦正敬（2006）「地方分権・地方自治と地域福祉（活動）計画 ― 行政と住民との協働と自治 ― 」上野谷・杉崎・松端編、前掲書、pp.31-32。
23) 牧賢一（1953）『社会福祉協議会読本 ― 市町村における ― 』中央法規出版、pp.286-298。
24) 同上、p.292。
25) 同上、p.296。
26) 岡村重夫（1970）『地域福祉研究』柴田書店、pp.268-279。
27) 同上、p.279
28) 松江市公民館運営協議会連合会・公民館長会・公民館協議会教育委員会（2017）「松江市の公民館」と題するリーフレット。
29) 支所と公民館のあり方検討委員会（2012）「支所と公民館のあり方」資料、p.17。
30) 同上、報告書、pp.7-18。
31) 松江市B公民館報（2018）「我がまちの公民館」第19号、p.3。
32) 松江市B公民館・松江市立B図書館（2013）「松江市B公民館要覧」p.1。
33) 松江市生涯学習課職員に対する聞き取り調査（2015年9月14日実施）に基づく。
34) 同上。
35) 松江市C公民館館長に対する聞き取り調査（2015年9月15日実施）に基づく。
36) 浅野秀重（2017）「公民館再編研究 ― 地域における公民館等のコミュニティ施設の再編の状況 ― 」日本公民館学会編、前掲書、pp.6-14。

第4章

「金沢方式」のもとで培われる公民館職員の専門性
— 公民館・町会連合会・地区社会福祉協議会の関わりに注目して —

はじめに

　本書では、国内外における社会教育関係職員が、教育文化事業の範疇を超えた領域横断的な実践に携わっているという事実に目を向け、こうした実践を説明する理論の提唱をその試みとしている。本章では、こうした実践に関わる事例の一つとして、石川県金沢市の公民館の体制と実態に注目していく。

　金沢市に注目する理由として、以下の諸点があげられる。まず、今日の金沢市内の公民館の運営状況を概観するなかで注目されることの一つとして、全60館ある公民館のうち41館が併設の形態をとっていることがあげられる。その内実の大半は、児童館や老人憩の家といった福祉施設、あるいは市民センターや農村環境改善センターなどといった地域づくりに関わる施設との併設館である。また、ほぼすべての公民館には、町会連合会や地区社会福祉協議会をはじめとする諸地域団体の事務局が設置されていたり、半数以上の公民館が金沢市社会福祉協議会の地域福祉事業である「地域サロン」の拠点として位置付けられていたりする。これらの実態は、金沢市の公民館が、本書で検討の対象としている教育文化事業の範疇を超える実践に携わる施設として考えられることを示している。

　こうした実態に至った経緯を明らかにするうえで、昭和初期に発展した「善隣館」という隣保館実践の蓄積や、「金沢方式」と呼ばれる金沢独自の公民館運営の仕組みを踏まえることは非常に重要である。そこで本章の前半では、「善

隣館」の蓄積を踏まえた金沢市の公民館の沿革と、「金沢方式」に基づく公民館運営の実態を整理する。後半では、公民館での聞き取り調査で得られた情報に基づきながら、町会連合会、地区社会福祉協議会（以下「地区社協」とする）と公民館との関係性について検討し、社会教育と福祉と地域づくりに関わる公民館の運営体制と職員の専門性の関係について考察を行っていく。

1. 金沢市の公民館制度の沿革

1946年の文部省次官通牒「公民館設置要項」による公民館の設置奨励を受けるまで、金沢市では「善隣館」という隣保館の実践が社会教育機能を果たしていたとされる[1]。善隣館は、第一次世界大戦にともなう混乱した社会情勢に対応すべく、金沢市の方面委員が創設したセツルメントである。

そもそも方面委員制度とは、今日の民生委員制度の前身の制度であり、岡山県の救世顧問制度や、大阪府の方面委員制度などをモデルとして各地で類似の取り組みが普及・発展し、1936年の方面委員令の公布をもって全国で実質化された制度である。石川県では、1922年に県告示第17号をもって石川県社会改良委員規程が公布され、石川県の方面委員にあたる「社会改良委員」が、金沢市及び郡部に小学校区を単位として設置された。1928年には、石川県社会改良委員規程は石川県方面委員規程へと改正され、社会改良委員は方面委員へと改称された。

最初の善隣館を創設した金沢市野町方面委員部常務委員の安藤謙治は、石川県の社会事業関係者等が執筆していた機関誌『社会改良』の紙面において第一善隣館の沿革と事業・施設の説明を行っている。それによると、当初の計画は「當時市立の託兒所が初めて設立された時であり、計劃は託兒所を主とし夜間は校下各團体の會議場として使用する程度だった」[2]としていたが、開館から間もない1935年当時には、青年団やその他の団体の事務所の設置及び事務員の雇用や、青少年文庫が設置された。また、第一善隣館における教育的な事業としては、託児、講習会（初等英語・華道・料理、母親学校）、図書部、仏教講（生活困窮者を対象とした）、青年指導（青少年文庫、童話会または映画会、

遠足会または運動会、勅語奉読会、青年団集会)、諸刊行物の発行など多岐にわたっていた。

　これらに加えて「事務代行」として野町校下にある団体（青年団、軍人会、防護団）の事務を代行し、その他に方面委員会、在郷軍人会、防護団、保護者会、青年団、仏教会、婦人会、各町内会が加盟する「校下連絡会」という組織の事務を担当するなどしており、地域コミュニティにおける重要な役割を担っていたと考えられる。なお、善隣館は第一次世界大戦後には市内19館の設置にまで至り、2018年現在はデイサービスや保育事業を中心に、市内11か所で活動が継続されている。

　こうした地域実践の蓄積を背景としながら、1947年から公民館が設置され始め、金沢市における小学校区を指す「校下」を単位として、善隣館や小学校の一室を利用するなどして、成人学級、青年学級、文芸、レクリエーション等の講座が開設され始めた。「金沢市公民館設置条例」の制定から3年後の1952年には、当時のすべての小学校区に1館ずつ地区公民館が設置されたことで、中央公民館は全市を対象とし、地区公民館は当該校下を範囲とする社会教育の推進体制が確立した。1953年には各町会から男女1名を「公民館委員」として委嘱する仕組みを導入し、活動の担い手として位置付けることとなった。その後も、近隣自治体の合併編入のたびに地区公民館数は増加し、2001年度で現在の設置数60館を数えることとなった。

　その間の金沢市では、自主再建団体の指定を受けるほどに財政赤字が急増するなど、厳しい状況があった。こうした経緯の中で1963年から始まった徳田市政のもとでは、文教施設の整備を計画の柱の一つとする長期計画が作成された。まず、公民館相互の連絡調整を図り、公民館活動の振興と発展を期することを目的に、金沢市内を7つのブロックに分けて、地区公民館連絡協議会を設置した。さらに、すべての地区公民館を金沢市の管轄から外して、全額地元負担の運営に切り替え、金沢市が直営する「ブロック公民館」を新たに8か所建設するという計画が提案された[3]。結果的にこの計画は撤回されたが、金沢市の公民館運営をめぐって、新たな方針が検討される重要な過程だったといえる。

　その結果、1970年以降は、国庫補助を受けるなどして地区公民館の新築・

改築が相次ぐ一方で、運営面では費用の地元負担軽減と職員体制の充実が図られていった。運営費については、後述する「金沢方式」によって市と地元が一定の割合で負担し合う形をとるなかで、市の負担額が徐々に引き上げられ1978年には一応の目標とされる75％に達した。職員体制の充実に関しては、金沢市公民館連合会と金沢市によって次の内容に関して合意がとられた。すなわち、公民館主事の待遇改善、補助事務員制度導入による職員の複数化、公民館委員などのボランティアを含めた公民館役職員に対する研修の拡充などとされた[4]。こうしたことから、公民館の事業や運営に関わる基本的な条件の整備と統一性の確保が図られてきた。

2003年になると、地方自治法の一部改正をうけて、これまでの管理委託制度から指定管理者制度への変更が検討されることとなった。2005年には、指定管理者制度が導入され、従来の管理委託制度のもとで、公民館の運営に携わっていた「公民館振興協力会」が指定管理者として位置付けられ、公民館運営審議会による承認を得ることなく予算を決定させることができるようになるなど、地域住民の自治的な運営体制が整えられる契機となった。以降5年ごとに更新手続きがなされている。

2．公民館の運営基盤としての「金沢方式」

(1)「金沢方式」の概要と特徴

金沢市の公民館は「金沢方式」といわれる原則のもとで運営されている。「金沢方式」は、①地域主導、②ボランティア、③地元負担という3つの原則によって説明される。①地域主導は、建物の維持管理や役職員選出を各地域に委託して運営を行うことを指す。なお、金沢市の公民館制度における役職員と概要については、表4-1の通りである。②ボランティアは、公民館長や公民館委員などといった無報酬の役職員・委員が公民館活動を支えていることを指している。③地元負担は、運営費や施設の整備費・建設費の一部に、町会連合会の会費の一部を充てて運営されていることを指している[5]（表4-2，3）。

金沢方式は、金沢市内全体で共通したものではあるが、各公民館の成り立ち

表 4-1　金沢市公民館制度に関わる役職員の名称と概要

名称	概要（下線部は地域主導に関わる内容）
館長	市の非常勤特別職。年末に支払われる役務費を除いて無給。<u>地元推薦</u>、教育委員会が委任。任期は2年で再任可能。
主事	常勤の専任職員。<u>地元選出</u>、館長任命ののち振興協力会に所属となる。庶務や施設管理のほか、公民館委員とともに各種行事の企画運営を行う。地域団体の事務を兼任することもある。
主事補 （事務員）	常勤の専任職員。<u>地元選出</u>、館長任命ののち振興協力会に所属。主事の補助職員として公民館事務に携わる。地域団体の事務を兼任することもある。
公民館運営審議会	館長の諮問機関。各種事業について調査審議する。委員は学校教育・社会教育の関係者・学識経験のある者等で構成。1館25名以内で、任期は1年。
公民館振興協力会	指定管理団体。会長、副、委員、監事で構成される。<u>会長は公民館長</u>、副は会長指名、委員は公民館長と公民館委員で構成。監事は会長任命。市内60の地区公民館にそぞれ1団体ずつ設置され、公民館の管理・運営について責任を持つ。
公民館委員	館長が直接推薦する館長推薦の枠と、<u>各町会から男女1名ずつ選出する町会選出の枠</u>から組織される。専門部を組織し、公民館事業の企画や実施において実働的な役割を担う。

（金沢市教育委員会資料「金沢の地区公民館」の一部を抜粋）

表 4-2　運営費の負担割合の推移

時期区分	市：地元
1952-1970年	47：53
1971-1972年	55：45
1973-1978年	66：34
1978年 - 現在	75：25

表 4-3　施設整備費の負担割合

内訳	市：地元
改修工事・一般修繕	2：1
バリアフリー化工事	3：1
耐震補強工事	3：1
備品購入 （机と椅子のみ）	2：1

（表4-2, 3はいずれも金沢市教育委員会資料「金沢の地区公民館」の一部を抜粋）

によっては、その内実は若干異なる様相をみせている。金沢方式には公民館の建設や運営にかかる費用の公的な補助はあっても、土地の購入に関する公的補助は基本的には無く、建設用の土地は地域側で用意するものとされる。そのため、公民館の建っている土地については地域側（町会連合会や地域の事業者）

の登記がなされ、建築物である公民館については市の所有という形をとる。例えば、廃校となった公立小学校などの跡地を利用して建築された公民館に関しては、地域側が市の土地を一部購入する必要があり、そのうえで公民館の建設を進めていくことになる。他方で、戦前の方面委員が創設した善隣館と併設する形で設立された公民館は、善隣館が法人として土地を所有していたため、土地の用意に対する費用はかからない[6]。

　こうした事情は、市内の多くの公民館が併設の形態をとっていることと関連している。Y公民館での聞き取りでは、ある地域団体の事務局が、実質的な関わりがないにもかかわらず公民館に設置されていることについて、公民館建設時にかかる資金集めと関連づけた説明があった。その他にも、地区社協の事務局を施設に設置したことで、エレベーター等の施設を設置することになった経緯なども語られた。すなわち、公民館の設置や運営に必要な費用を集める際に、併設・併置という手段を通じて各種施設・団体と共同出資することで、個々の負担を軽減しようとする意図が垣間見える[7]。

　こうした意図の下、併設という形式がとられているとはいえ、その併設している施設の多くが、児童館・老人福祉施設等の福祉施設やコミュニティセンター・農村改善センター等の地域づくりに関わる施設である点を踏まえると、設置者の意図や地域の文脈における必然性、あるいは運営上での利点などが少なからずその背景にあると推察される（表4-4）。この点については後半で検討していくこととする。

表4-4　金沢市における公民館の併設状況

時期	公民館と併設する施設（施設数）
【金沢市】2018年10月（調査時）	児童館（23）、デイサービス・老人憩の家・老人福祉センター（14）、交流館・市民センター・集会所（7）、農村改善センター（2）、善隣館（2）、保育所（2）、その他（2） 　　　　　　　計41館　※一館に複数施設が併設する場合もある

（筆者作成）

（2）専門職の形成と「金沢方式」の可能性

　次に、金沢市の公民館職員の力量形成の場について検討していく。まず挙げられるのが、金沢大学が開催する社会教育主事講習である。社会教育法第9条に規定された社会教育主事講習の受講資格の内容とは異なり、金沢市の場合は、慣習として60館の地区公民館のうちから勤続年数が7、8年程度になる公民館主事が1～2名選出されて受講するものとされている。その実態としては、中堅職員が受講するような段階の研修機会として位置付けられている。例えば、浅野秀重が行った、金沢大学の社会教育主事講習受講者を対象とした調査にもとづく研究によれば、

　　　受講者の多くは、教員免許を有する者か、一定期間社会教育施設等で業務に従事した者であり、講義の内容等が社会教育や生涯学習の概念の理解、学校と地域社会との連携、学びを通じた地域づくり、環境・人権等の新たな学習課題を学ぶ意義、さらにはボランティア活動など比較的現場に即した内容が多く、社会教育や学校教育に関する問題意識を有しながら、自らの実践や経験等と結びつけ講義や演習に臨むことができる。[8]

と評価している。こうしたことからも、講習としての実践性や専門性の高さを見て取ることができる。

　これに加えて、金沢市教育委員会や金沢市公民館連合会などが実施する研修もいくつか存在する。主なものとしては、金沢市教育委員会が開催する①公民館主事を対象とした研修「地区公民館主事等一般教養講座」（月1回ペースで計3回）、②「市区公民館役職員・指導者養成講座」（年に1回開講）と、③金沢市公民館連合会が主催する研修、④市内7つのブロックごとの職員たちの自主的な研修などがあげられる。

　金沢市教育委員会が実施する①、②の講座に関しては、「公民館職員の資質向上を目指し、研修や教養講座を開催し、様々な市施策や時事問題等の知識について学ぶとともに、公民館活動活性化のため、各部で活動している役職員を対象として、地域づくりのための企画立案・地域リーダー育成のための講座を実施」[9] していたとされる。この金沢市教育委員会が主催する研修に参加した

現場職員からは、当研修を受けていれば、実務上は問題なく勤務することができるという声もあり、職員らの日常的な業務における力量形成の場として有意義なものとなっている[10]。

③金沢市公民館連合会が主催する研修は、新任館長研修会、県外館長研修、館長主事合同研修などの公民館職員を対象とした研修に加え、視聴覚広報部や文化部協議会といった公民館委員の研修機会も設けられている[11]。④ブロックごとに実施される研修にかかる費用は金沢市が援助しており、ブロック内で1年ごとに当番館が定められ、当番館が音頭を取って年に一度程度の視察研修が行われる。この他にも、文化教養講座、青少年健全育成講座が開かれるなどといったこともある[12]。

このように、金沢市では金沢大学が主催する社会教育主事講習のほかに、教育委員会や公民館連合会、ブロックごとの職員集団といった複数の主体が実施する研修・講座等が、公民館の役職員の力量形成の機会として整備されている。ここから、学習機会を積極的に組織・支援して、社会教育分野における専門性を高めていこうとする金沢市の姿勢を垣間見ることができる。

ところで金沢市の公民館の場合は、金沢方式という独自の運営方式をとっているうえに、併設館が多いという特徴がある。このことを踏まえると、金沢方式のもとで職員の専門性や性格が規定されていく可能性にも視野を広げていく必要があると考えられる。特に、町会連合会と地区社協については、公民館と並んで金沢市の地域運営上最も影響力のある組織とされ、公民館運営にも深い関わりを持っていると考えられる。そこで以下では、公民館運営における二者の位置づけや関わりがどのようなものであり、それらが職員の専門性や性格とどのように関わっているのかについて検討していく。

3. 公民館運営における町会連合会と地区社会福祉協議会の位置

(1) 町会連合会

金沢方式のもとでは、町会連合会と公民館との間には一定の緊張・協力関係が結ばれている。例えば、金沢方式のもとでは、地域住民が町会費を通じて公

民館の運営費の一部を負担する仕組みがとられている。そのため、町会費の一部を公民館の運営費等に充てている町会連合会と、公民館の管理・運営を実質的に担っている公民館振興協力会の意見が一致しない場合がある。

　公民館は、各種地域団体の事務局を担う重要な拠点施設ではあるものの、町会連合会側にとっては、他の地域団体と並んで町会費を配分する一施設でもあるため、その位置づけは地域ごとで異なる。公民館の職員のなかには町会連合会の事務局を兼任している者もいるため、両者の関係性は、公民館運営を円滑に行っていくうえで、非常に重要なものである。

　公民館運営に対する町会連合会の関わりは、上述した経済的な側面のみならず、実働的な側面にもある。まず、公民館の職員である公民館主事・事務員は、町会内の地元住民から採用されることが原則とされる。公民館の事務員は町会連合会や地区社協などといった地域団体の事務・経理の業務を兼ねる場合があり、その組み合わせは公民館によって異なるが、いずれにしても公民館は教育事業のみならず、地域支援事業の拠点としての役割を果たしている。このことは、町会費の一部が公民館運営費として配分されることに関して地域からの了承が得られていることとも少なからず関係している。

　また、公民館委員の大半は、各町会から推薦されてきた男女1名ずつで構成されており、公民館事業の企画や実施において実働的な役割を担っている。公民館委員には、総務部、広報部、視聴覚部、体育・レクリエーション部、少年部、婦人部、文化教養部などといったものがあり、公民館ごとで専門部の構成は少しずつ異なる。公民館委員は、これらの専門部での活動を通じて、公民館事業の企画・運営の面で実働的な役割を果たしている。これに関してB公民館の館長は以下のような説明をする。

> 例えば、災害がいろんなところで起きてきたときに、災害に備えて防災を考えましょうとなると、自主防災組織は町会連合会が主導していくのですけど、実質動いていろんな準備世話をするのは公民館委員という実働部隊がいるんです。一応、町会連合会の人がこうしたいという時に動けるのは公民館で、お互いに協力し合って例えば訓練が成功するとか。いろんな一つの例ですけど、こういう話し合いのなかで、動けるのは公民館だから公民館が動いてくれるおかげで地域が成

り立っているという理解があって、それに応える館長がいると。[13]

　また、公民館委員だけではなく、地域の関係団体が専門部を構成して実働的に活動を行う場合もある。いずれの場合にしても、公民館は地域支援事業の核としての位置づけがなされている。

　公民館委員の実質的な関わりの深さに関しては各公民館、町会によって異なっている。S公民館の館長は次のように語った。

> うちはどちらかというとこっち（町会から推薦された人）をつかえんでね。一年にいっぺんなもんで集まって何しますかって言うとる間に事業がどんどん進むもんで。本当を言うとこっちの人をうまく活かせたらいいんだけどなかなかできない。実際、K公民館というところがあって…うまくやっているところで。そこは公民館委員が100名近く出てきますけども、うまくそれぞれの部にはりつけまして、そこから部長とか副部長とか人選されてって。引き続き2、3年やる方も多くて、比較的役職もスムーズになっていくんですけど。本当を言うと組織的にはボトムアップした方がいいんですけど、時間がかかりますので、いまさらそういうシステムもないもんで、ついついこっちの（館長推薦の委員を活かす）方式で。そこが欠点というかなんというか…どちらの館も似たような悩みを持ってらっしゃると思いますけど。（括弧内は筆者による補足）。[14]

　金沢市では、地域の自主性を尊重するという理念のもと公民館制度を実施しているが、子どもの増えている地区や、高齢化が進む地区など、エリアごとに異なる様相をみせている状況に対して、職員の地域採用や公民館委員の選出など、すべての公民館に同じルールを続けられるかということに関して再考が必要と考えている[15]。加えて、全国にも共通する金沢市の傾向として、町会の加入率が落ちてきている状況から、一方では、公民館運営にかかる地元負担の経費が集めにくい状況があり、他方では、すでに町会に加入している人びとの負担を大きくできないという2つの理由によって事態は深刻さを増している。特に、世帯数の少ない町会にとっては、公民館の存続に関わる大きな問題として、今後考えていくべき課題となっている。

　金沢市の公民館では、公民館の運営費負担をめぐる町会連合会との関係づ

くりの問題や、公民館事業の実働的な部分を担う公民館委員の担い手の問題など、公民館と町会が抱える課題が重なりあって共有されているような状況が指摘できる。こうした問題と向き合う中で、公民館は教育文化事業の範疇を超えた地域支援事業の拠点としての役割に自覚的になり、その専門性や性格を定めていると考えられる。

(2) 地区社会福祉協議会

金沢市では、54の地区社協が組織されており、そのうち36の地区社協の事務局が地区公民館と同じ建物の中に設置されている。その他の地区社協の事務局の所在は、善隣館6、個人宅4、介護福祉施設2、地区会館1、児童館1、保育園1、神社1、支所1、その他1となっている[16]。このように、事務局を設置している関係から、公民館の事務員が地区社協の事務員を兼任する場合もある。

地区社協は、「地区民生委員児童委員協議会、町会連合会、公民館、校下婦人会・女性会、子ども会などの各種団体を中心とした地域住民が主体となって構成され、地域の福祉活動の中心的役割を担って」[17]いるとされ、図4-1の社協のL字型構造に示されているように、公民館、民生委員児童委員協議会、町会連合会、婦人会、子ども会などの各種団体が横並びに重なり合い、社協が

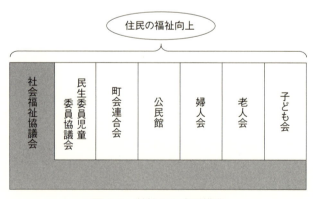

図4-1　社協のL字型構造
出典:「地区社会福祉協議会の説明」金沢市社会福祉協議会『金沢市社協情報』No.147、2015-1-30の一部を抜粋して筆者作成

「福祉としての専門性を発揮し、各種団体と協働して地域福祉を総合的にすすめ」[18]るものと説明される。これら2つの説明の内容を踏まえると、社会福祉協議会側にとっては、公民館は地域福祉活動を行う一団体として包摂されるような位置づけがあるといえる。関連することとして、2018年に金沢市と金沢市社会福祉協議会が作成した「金沢市地域福祉計画」においては、金沢市の公民館が地区社協や善隣館、民生委員児童委員などと並ぶ一つの社会資源として位置付けられている[19]。

また、地区社協の活動内容は「友愛訪問、地域サロン、子育てサロン、配食ボランティア、広報誌の発行、敬老会、共同募金等への協力、各種福祉講座の開催」[20]とされており、このうち、公民館を拠点とした主な取り組みとしては、地域サロン、子育てサロン、配食ボランティアがある。金沢市社会福祉協議会の地域福祉担当者によると、金沢方式のもとで、地元で費用を集めて公民館活動を行っているのと同様に、地区社協の活動も地元の費用の一部から活動資金が集められているため、公民館を活用して地元でサロンを運営するという形態がとられやすいということだった[21]。地域サロンの会場として活用されている公民館は60館中40館となっており、子育てサロンに関しても19館の公民館が会場となっている。また、C公民館に事務局を置く地区社協の配食ボランティアの活動では、公民館の調理室の設備を使用して配食弁当を用意している。この調理室の器や調理道具は、地域住民から寄付されたものも多いということだった。このように、地区社協と公民館とは、事務局の設置場所としての関わりや、組織の構成上の関わりの他にも、実質的な連携・協力関係を築いている。その背景としてY公民館では次のような理由が語られた。

> 結構、公民館と社協の事業ってぶつかることが多くて、内容的にも。…それでいろんな問題が結構あるみたいなんですけど、ここは一緒におるから密に相談をして、うちらこんな事業をやる、じゃあ内容変えて日を合わないようにしようと言って。月に一回、児童館と社協と町会と公民館の職員の4団体の職員ですり合わせをしているんです、実は。スケジュール言って、こんなのします、部屋ここ使ったり、ああしたりこうしたり、すり合わせを必ずやっているのと、お互い密に連絡を取り合って事業が被らない、人の取り合いにならんようにと。その辺の

バランスを取り合っているのは頑張ってるかなと思います。[22]

　Y公民館では、地区社協と町会連合会の事務員、児童館職員、公民館職員の四者でスケジュールのすり合わせを行うなどして、事業の重なりを避けていく工夫がなされている。その際、Y公民館の主事の意図としては次のようなことが語られた。

> 福祉のなかの考え方というのがあるじゃないですか。その考え方とか意見を高齢者教育の中でイベントや事業をする時に、福祉の立場からこんな行事をやってほしい、あんな行事はどうやと意見を言ってもらったり、それを協働してやってみたりというのがあります…（じゃあ事務局が共有されているというのは）すごい大きいと思う。…社協とばっかり相談をしていると方向性がお年寄りの方に偏っていくので気を付けないと。でも実際来るのはお年寄りなので（括弧内は筆者による発言）。[23]

　このように、Y公民館の場合は事業の重なりを避けるだけではなく、公民館主事と地区社協職員とが互いにアドバイスや意見を交わすことで、より質の高い事業の準備・実施へと結びつけようとする姿勢がみられる。その際、公民館主事は受け身の姿勢ではなく、あくまで社会教育職員としての立場を重視した対応を心掛けていることが注目される。他領域の事務局や施設が併設されていることを活かし、事業の重複を避けたり連携・協働の行事や事業へとつなげたりするなど、併設館であることが強みとなるような関わり方をしていることがわかる。

おわりに

　金沢市の公民館は「金沢方式」の原則に基づいて展開されている。この方式の下では、公民館運営に携わる地域住民の自主性が尊重され、公民館の設置や運営の形態は校下の特性や文脈に応じたものとなるため、必然的にその内実が校下ごとに異なることがわかった。本論では、このような地域的な要因のもと、金沢市では多くの公民館で福祉及び地域づくり関係の施設や団体との連

携・協力関係が規定されてきたことが注目された。

　具体的には、町会連合会・地区社協といった地域団体との連携・協力関係が基盤となり、公民館職員は町会連合会や地区社協の事務局業務を兼務したり、公民館が福祉事業の開催場所として位置付けられたり、公民館が福祉・地域づくり関連の施設との併設館となったりしていることがわかった。そのなかで、公民館主事や事務員は地域の関連団体の事務を兼任したり、あるいは併設している他施設や関連団体の職員との連携をしたりすることで、教育文化事業の範疇を超えた業務に携わっていく役割を担っている点が注目された。その際、Y公民館の主事が語るように、他領域の職員の意見に対して注意深くなり、社会教育職員としての専門的な側面を発揮する必要があるなど、社会教育職員としての立場を保持しつつ、教育文化事業の範疇を超えた活動を下支えしていくという公民館主事の二面性が垣間見られた。

　この二面性の現れ方は、公民館ごとに異なる。すなわち、金沢市の公民館職員には、一人で複数の役職を兼務することで社会教育と福祉と地域づくりをつなぐ役割を担う場合と、併設する施設の職員との連携をとるなかでさまざまな領域に関する役割を担う場合と、大きく二通りの働き方があると考えられる。

　本章では、金沢市の公民館職員の専門性の内実を詳しく示すまでは至っていないため、今後も引き続き検討していく必要がある。その際、ここで指摘したように、金沢方式という独自の仕組みのもとで運営される金沢市の公民館職員は、福祉や地域づくりといった領域に関わりを持ち、複合的な問題に対して職員個人あるいは職員集団としての対応力や専門性が求められる仕組みとなっていることを踏まえる必要があるだろう。

注
1）　阿部志郎『小地域福祉活動の原点　金沢 ― 善隣館活動の過去・現在・未来 ―』全国社会福祉協議会、1993年。
2）　石川県社会事業協会『社会改良』16号、p.46（石川県社会事業協会『石川県之社会改良』不二出版、第2巻、2006年）。
3）　金沢市史編さん委員会『金沢市史（現代編）続編』1989年、p.90。
4）　同上、p.1422。

5) 公民館運営費及び施設設備費をめぐる地元負担の割合に関する根拠は、規定や条例としては明文化されていない。金沢市教育委員会によれば、この割合は慣習的に継続されてきたものであり、次年度の予算措置をする段階で、前年度の決算に対してこの割合をあてはめて予算配分をおこなっているとのことだった。また、地元負担の割合の根拠に関して、調査当時の公民館担当者は「公民館は市の施設であるため、その（割合を行政側で明文化する）必要性があるのかどうかは判断が分かれる」（括弧内筆者）としていた（2015年11月実施の金沢市教育委員会でのインタビュー内容にもとづく）。
6) 2016年6月実施のB公民館でのインタビュー内容にもとづく。
7) 石川県内における併設公民館の成りたちに関しては、上田幸夫の研究も参照される。ここでは、終戦直後の石川県内での初期公民館の設置状況に関して、役場との併設館が多く年を追うごとに増加していたこと、寺や公会堂などといった地域施設との併設は少なかったことを指摘しつつ、石川県を例にとって、初期公民館は学校と役場との併設が主であったことが主張されている。また、併設設置された公民館が多かった背景について、次官通牒の分析を踏まえつつ「既設建物に公民館の設置を提起したのは、『新たに建築を起すことは困難であるから』であって、積極的に既設建物と結びつけ、併存させようとしたわけではなかった」とされている。他方で、「初期公民館の形成には、すぐれて地域との結びつきが強かった。そうすることによってのみ、公民館の形成がなしえたのである。地域に存在する力をフルに活用することで設置が実現したのである」としている。すなわち、併設型の公民館は厳しい社会状況のなか、地域の資源を十分に活用した結果として生まれた形式であったことが指摘されている（上田幸夫「初期公民館における「併設」配置の特性 — 初期公民館の地域定着過程の研究 — 」東洋大学『東洋大学文学部紀要教育学科・教職課程編』第36集、1983年、pp.44-67）。
8) 浅野秀重「社会教育職員養成における社会教育主事講習の現状と課題」日本社会教育学会編『社会教育職員養成と研修の新たな展望』東洋館出版社、2018年、p.127。
9) 金沢市教育委員会の事務事業点検・評価報告書によれば、「研修については、公民館の役割が高度化・専門家が進む中で、市の政策や時代のニーズに合った問題等を学ぶことにより、役職員等の資質向上が図られている。公民館活動の活性化のため、今後とも重要な事業であると位置づける」として、職員研修の重要性が主張されている（金沢市教育委員会事務事業点検・評価報告書 平成21年度執行分）。
10) 2016年6月実施のB公民館でのインタビュー内容にもとづく。
11) 平成30年度金沢市公民館連合会総会資料「平成29年度事業報告」〈www.kanazawashikouren.jp/wp-content/uploads/2018/05/0c9b5461df9390cf658aeb1de91fb636.pdf〉（最終閲覧日：2018年12月5日）。
12) 2016年6月実施のY公民館でのインタビュー内容にもとづく。
13) 2016年6月実施のB公民館でのインタビュー内容にもとづく。

14) 2016年6月実施のS公民館でのインタビュー内容にもとづく。
15) 2015年11月実施の金沢市教育委員会でのインタビュー内容にもとづく。
16) 金沢市福祉局・保健局・市民局／社会福祉法人金沢市社会福祉協議会『まちぐるみ福祉活動ガイドブック』金沢市福祉局長寿福祉課、2015年、pp.156-157。
17) 金沢市社会福祉協議会「地区社会福祉協議会の説明」『金沢市社協情報』No.147、2015年1月30日発行。
18) 同上。
19) 金沢市福祉総務課『金沢市地域福祉計画2018』2018年、p.11。
20) 金沢市社会福祉協議会「地区社会福祉協議会の説明」前掲。
21) 2015年11月実施の金沢市社会福祉協議会でのインタビュー内容にもとづく。
22) 同上。
23) 2016年6月実施のY公民館でのインタビュー内容にもとづく。

第5章
韓国における教育福祉と平生教育関係職員

1. 教育福祉論の展開

　韓国において教育福祉への関心が高まった背景には格差問題がある。とりわけ、1990年代後半の金融危機以後、大量の失業や中産階層の崩壊で所得格差が深刻化し、それに対する危機意識は教育部門における社会統合、公平性（equity）、教育福祉に関する議論へとつながっていった。キム・ジョンウォンほかは、OECDが教育における公平性（equity）問題を公正性（fairness）と包容性（inclusion）のレベルでアプローチすることに注目し、教育福祉を「少なくとも社会が設定する教育における最小基準にすべての国民が達し、さらに、すべての国民の置かれている状況に関係なく、各自が必要な教育を受け、その潜在力を最大限発揮できる状態、またはそれを保障するための公的支援」と定義しながら、「教育における公平性を目指す概念を教育福祉として規定する必要がある」と主張している。そして「教育福祉は『教育』と同意語でもなく、教育のための土台としての『福祉』あるいは『学校における福祉活動』とも同意語でない」、公平性を志向する概念として、一般に言われる「教育」や「福祉」等の概念とは区分される、つまり、教育福祉は教育に恵まれない人への支援を通じて「すべて」の人びとに対する「質の高い教育」を目指す概念であるという[1]。

　実際、教育福祉政策初期に韓国政府が打ち出した教育福祉総合計画では、教育機会の保障、教育環境における格差の解消、学校不適応の予防と解消、基礎

水準の学歴保障等を目的とする政策的活動を網羅しており、公正性と包容性を原理とする公平性を追求している[2]。要するに、韓国における教育福祉は「すべての人びと」を対象とする概念ではあるが、その中でも最も教育に恵まれない集団[3]に対する集中的な関心や支援を促すことで、最終的には「すべての人びと」が等しく教育を受けられる教育における公平性を保障する概念といえる[4]。このような教育福祉に対する議論が展開される中、2010年には学校給食の無償化、その後は高校授業料無償化へと議論が発展していった。とくに学校給食の無償化をめぐる福祉に対する立場、すなわち「普遍主義」と「選別主義」に関する論争が激しく行われており、現在も自治体によってその対応にも違いがみられる。

　教育福祉政策には、さまざまな理由から教育や文化を享有する機会が十分でなかった成人に対して行われる文解（literacy）[5]教育や多文化教育への支援もあるが、韓国社会で一般に教育福祉政策を論じる際は、主として児童・生徒を対象とし、学校を拠点としながら地域教育共同体の形成を通じて、教育機会に恵まれない子どもたちの生活全般を統合的に支援するシステムの構築に焦点が置かれている。その代表的な政策が2003年から貧困層等の児童・生徒を対象とする「教育福祉優先支援事業」（以下、「教育福祉事業」という）である。

　同事業は、1990年代後半韓国社会を襲った金融危機による中産階層の崩壊や所得格差の拡大によって、教育格差や教育に恵まれない子どもが増えることを防ぎ、家庭や地域の環境に関係なく、すべての子どもたちが教育的経験を通して自身の潜在能力を十分に発揮できるように支援する事業である。イギリスの教育優先支援事業（Education Action Zone: EAZ/ Exellence in Cities: EiC）やフランスの優先教育政策（Zone d'Éducation Prioritarire: ZEP/ Réseaux d'Éducation Prioritaire: REP）等の海外の事例を参考にして考案された事業として[6]、主に都市部の貧困児童を対象にした支援としてスタートした。

　このような背景から始まった教育福祉事業は、韓国社会に教育福祉に関する議論や関心を呼び起こすとともに、学校教育の役割や範囲を再検討する契機をもつくった。同事業は、学校と地域の連携を重視しており、学校を拠点にしな

がら地域のさまざまなアクターが協働して一緒に教育福祉に取り組む地域教育共同体を目指している。

　一方、最近は成人に対する教育福祉支援も増えている。2006年から成人文解教育支援事業が始まり、2007年の平生教育法大改正では非文解・低学歴の成人に対する義務教育を保障する条項が新設された。また2016年5月には障害者の平生教育振興に関する条項が平生教育法に新たに設けられ、2018年5月に国家障害者平生教育振興センターが設立された。さらに、2018年3月27日、教育部は「疎外階層の平生学習参加向上のための平生教育バウチャー支援基本計画」を発表し、25歳以上の社会的および経済的に恵まれない人びとに対して学習費支援として平生教育バウチャーの支給を始めた[7]。これまで小・中・高校の子どもたちを中心に行われてきた教育福祉支援の対象が成人にまで拡大されるようになったのである。

2. 教育と福祉と地域づくりをつなぐ平生教育関係職員

（1）平生教育士

　韓国の平生教育における代表的な専門職員は「平生教育士」である。平生教育士の前身は1982年社会教育法の制定で制度化された「社会教育専門要員」であるが、その資格は大学で養成はされたものの、あまり配置の伴わなかった有名無実な制度であった。その後、1999年社会教育法が平生教育法に全部改正されることによって、その名称および内容も「平生教育士」に改正された。2007年、平生教育法は再び全部改正されるが、その際、平生教育士の養成体制および配置基準がいっそう強化されることとなり、それ以降平生教育士の養成および配置（雇用）は急速に拡大されるようになった[8]。

　平生教育法において「平生教育士は、平生教育の企画・振興・分析・評価および教授業務を遂行する」（第24条第2項）となっており、日本の社会教育主事とは違って「教授」業務が含まれている。しかし、実際は教授業務を行う場合は稀であり、大半は日本の社会教育主事や公民館主事の業務に近い仕事をしている。それゆえ、一部では教育者としての機能を強化し、その名称を「平生

教育師」にすることを主張する声もあったものの、「平生教育士」で定着している。

　平生教育士は公的領域のみならず、民間教育機関や施設にも配置される汎用資格としての性格が強い。すなわち、国家および市・道（広域自治体）平生教育振興院や市郡区（基礎自治体）の平生学習館のような公的平生教育機関をはじめ、青少年機関や施設、学校や大学附設の平生教育施設、高齢者や障害者のための教育機関（例えば、社会福祉館など）、言論社や百貨店等の文化センター、市民社会団体等のような民間教育機関等にも配置される[9]。それゆえ、最近量的拡大とともに多様な領域において平生教育士が雇用されることから、平生教育士の専門性に対する議論（資格の汎用性 vs. 特定領域への分化）が起こっている。しかし、平生教育学界では、平生教育士資格制度の分化は時期尚早だと判断し、関連分野のあらゆるところで適用できる汎用資格として運営しているが、平生教育士の専門領域（職種）分化に対する要求や動きは今後も続くとみられている[10]。

　近年地域づくりにおける平生教育の重要性が高まり、平生教育士の活動や役割はいっそう拡大している。とくに、2000年代に入ってから平生学習都市事業や地域平生教育活性化事業、社会的・経済的に恵まれない人びと（疎外階層）のための平生教育支援事業等の多様な平生教育関連事業が進められ、またそれらの事業の評価基準に平生教育士の配置項目が提示されることによって、各自治体における平生教育士有資格者の雇用が増えている[11]。

　また、最近各自治体が重点を置いている地域共同体づくり事業を進めていく上で、それをリードしていける専門人材の養成が求められているが、それを支えるものとして中間支援組織の役割が注目されている。その中間支援組織の持続性を担保するためには、専門性を確保しないといけないことから、地域人材および資源の発掘、住民の自治力を高めるプログラムの開発等を通して、地域活動家の養成を担当することのできる平生教育士への関心が高まっている[12]。

　実際、平生教育士で構成された中間支援組織が、地域に入り、住民活動家の養成や住民によって構成された地域づくり担当チームの組織など、住民が主体となる地域づくり文化を定着させた例がある。例えば、非営利団体として活

動する平生教育士集団が行政と住民の間に入り、平生学習を基盤とした地域共同体づくりを手助けし、成功させた実践である[13]。それは、2004年京畿道始興市で組織された「平生教育実践協議会」という非営利団体による実践であるが、その活動の場や影響力は地元に限らず、全国区である。同協議会は、平生学習都市事業のようなトップダウン式の事業では平生学習の理念を市民と共有し、学習都市事業への住民の主体的な参加は期待できないという判断から、地域単位で住民とともに地域共同体をつくりあげ、平生学習運動を展開していく必要性を提起する。

つまり、持続可能な地域共同体づくりにおいては、学習を基盤とした地域づくりによって、住民の自治力を高めていくことが重要であると強調し、自ら実践しているのである。その代表的な実践として、外国人居住地域（多文化ワンルーム団地）における住民生活密着型の平生学習地域づくりの取り組みが挙げられる。外国人労働者が多く住み、かつ居住期間が短い場合が多いので、個人化やスラム化が進んでいる始興市の多文化ワンルーム団地はゴミ問題で長年悩んできたところである。この問題に平生教育実践協議会が中心となって平生学習を基盤とした地域づくりに取り組み、住民組織の形成とともに、行政との協働関係の構築によって、ゴミ問題のような生活課題の解決だけではなく、住民主体の持続可能な地域共同体づくりにも成功している[14]。

以上のように、平生教育士は公共セクターだけではなく、企業や市民社会などの多元的なセクターに配置されており、その活動も必ずしも教育・学習活動のみに携わるのではなく、学習を基盤としてさまざまな地域課題を解決し、地域づくりを行っていくことにまでわたっている。ところが、汎用資格の平生教育士は多様なセクターで活躍できるものの、公的領域における採用においては、日本の社会教育主事とは違って、特殊分野の公務員として採用される任期付き職であるため、安定的な雇用にはなっていない。それゆえ、2000年代半ばから平生教育士の公務員職列化[15]等の制度改善に向けて、平生教育学界および関連団体は中央政府に対してその必要性を訴え、政策への反映を要請し続けてきている。

（2） 文解教員

　韓国には植民地時代や朝鮮戦争等によって学校教育をきちんと受けることのできなかった高齢者がまだ多く存在しているが、彼・彼女らに対する教育支援は長年民間団体によって支えられてきた。その中、2006年「成人文解教育支援事業」がスタートし、また翌年には平生教育法に平生教育の一領域として「成人基礎・文解教育」が規定され、成人に対する教育支援にも目が向けられるようになった。つまり日常生活の営為に必要な基礎能力が不足しており、家庭・社会および職業生活において不便を感じる成人に対して文解教育を公的に保障するようになったのである。

　平生教育法施行令は、文解教育プログラムの設置・運営および指定、経費の支援、学歴認定、文解教育審議委員会の設置等について詳しく規定している[16]。これらに基づき、全国的に文解教育が普及・拡大されている。2007年の平生教育法の改正を前後にして、文解教育に取り組む自治体および教育機関数は倍増しており、一部の自治体では成人文解教育支援条例を制定し、関連事業を支援することのできる根拠をつくっている。さらに、2016年2月の平生教育法の一部改正によって国家および市・道「文解教育センター」の設置・指定の根拠がつくられ、文解教育に対するより体系的な支援が可能になった。

　成人文解教育プログラムへの参加者数は、成人文解教育支援事業が始まった2006年に1万4,668人だったが、2017年現在3万9,732人に2倍以上増えている。しかし、非文解成人はまだ多く存在しており、2017年の成人文解能力調査によれば、日常生活に必要な基本的な読み書き計算のできない成人人口は全成人人口の7.2%で約311万人と推定されている[17]。

　文解教育を担当する「文解教員」に求められる資格については、平生教育法施行令に次のように規定されている。

　　　初等学校課程の教員は大学卒業またはこれと同等の水準の学歴を持つ者、中学校課程の教員は『初・中等教育法』第21条第2項の教師資格を持つ者としてそれぞれ平生教育振興院または市・道振興院が運営する文解教育教員研修課程を履修した教員を確保すること。ただし、初等学校課程の教員は高卒以上の学歴所持者として振興院または市・道振興院が運営する文解教育教員研修課程を履修し、

第76条第1項による文解教育審議委員会が認める者として確保することができる（施行令第70条第1項）。

また「文解教育プログラムの教員は、初等学校課程には1学級に1名以上を置き、中学校課程は3学級までは1学級に1名を、3学級を超過する際には1学級が増えるたびに1.5名以上の比率で加配する」（平生教育法施行規則第22条第1項）となっている。

成人文解教育（文解教室）が行われるところは、平生学習館をはじめ、社会福祉館、敬老堂、地域会館、住民自治センター、図書館、小学校など地域によってさまざまであるが、高齢化率の高い地域では、文解教室が単に読み書き計算を学ぶレベルを超え、高齢者の健康づくりや生きがいづくり、さらには地域活動への参加のきっかけを提供する場ともなっている。例えば、成人文解教室に参加していた高齢者たちに、地域の若い主婦たちに対して伝統料理を教える講師として活動してもらうことによって、自信を持たせ、また地域参加の楽しさを感じてもらうようにしているところや[18]、近隣の小学校と連携して小学生と文解教室の高齢者たちが一緒に参加する地域共同体体験活動を通して世代間交流を実践しているところもある[19]。

（3）教育福祉士

韓国では、2003年から社会的および経済的に困難な状況にある子どもたちを対象に教育福祉事業が行われている。教育福祉事業は、学校を拠点として事業を展開しながら、地域社会との連携を通じて地域教育ネットワークの構築を図るものである。それによって、子どもの教育、文化体験、心理・情緒、保健等を統合的に支援し、教育格差の解消に寄与することを目的としている。学校は、その実現のために地域の教育関連機関や団体、さらには地域住民との連携・協力を図っていく必要があり、この事業を土台として地域教育ネットワークを構築し、既存の地域教育団体との協働によって、より幅広い多様な活動に取り組むことができる。実際、この事業を通じて、子どものみならず、地域全体で教育的・文化的に豊かな地域教育共同体づくりを進めている事例が多く登

場している[20]。

　このような事業を進めるために、「教育福祉士」という専門職員を養成し、地方教育庁（日本の教育委員会）および重点学校に配置している。教育庁に配置される教育福祉士は「教育福祉調整者」と名付けられており、「地域内の教育に恵まれない児童・青少年に対する総体的支援のために、教育・福祉・文化等の多次元的領域の機関と人材との連携・協力を図り、対象学校の事業に対する支援や調整業務を通して、当該地域の教育福祉事業の調整および関連実務を担当するために地域教育庁に配置される民間専門人材」[21]である。その資格要件は大学で関連分野（社会福祉学、教育学、青少年学）を専攻または有資格者（社会福祉士、平生教育士、青少年指導師、青少年相談士）であり、かつ4年以上教育、文化、福祉分野での活動経験のある者、または2年以上地域ネットワーク活動経験のある者である。

　一方、学校に配置される教育福祉士は、「学校内の教育福祉プログラムを企画し、家庭―学校―地域社会の連携を通して教育脆弱集団の子どもたちのための支援システムを構築することによって、支援対象児童の学校適応と健全な成長および発達を図る役割を遂行するために、学校に配置される民間専門人材」[22]である。その資格要件は教育福祉調整者と同様に関連分野の専攻者もしくは有資格者であり、かつ1年以上教育、文化、福祉分野で活動経験のある者、または1年以上地域ネットワーク活動経験のある者である。実際、現場で働いている教育福祉士の大半は社会福祉学を専攻した者であり、平生教育を専攻した者は比較的少ない。

　教育福祉事業における専門職の公式名称は「教育福祉士」であるが、ソウル市では従来の「地域社会教育専門家」という名称を依然として使い続けている。学校では地域専門家として、地域では教育専門家として活動するという意味から「教育福祉士」ではなく、「地域社会教育専門家」という名称にこだわっているのである。一方、社会福祉分野では「学校社会福祉士」という名称を使っているが、学校社会福祉士は、教育部の教育福祉事業のみならず、地方自治体や保健福祉部等がそれぞれ実施している児童・生徒のための福祉事業をも担当している。2000年には「韓国学校社会事業実践家協会」（2005年に「韓

国学校社会福祉士協会」へ改称）が設立されており、同協会では2005年から独自に「学校社会福祉士」資格試験及び研修を実施している[23]。

　教育福祉士は教育公務職[24]（契約職）として採用されており、決して良い雇用条件とはいえない。学校に教育福祉担当教員がいるものの、兼務のため、実質上の業務は教育福祉士に任せられている。とくに、学校に配置される教育福祉士の場合は、1学校あたり1名配置されており、業務量の多さのみならず、教員との関係や保護者・地域住民との関係づくりにおいても苦労している。2017年現在、小中高3,191校（全体の約27%）が教育福祉事業の対象校となっているが、そのうち、教育福祉士が配置されている学校は1,515校で、まだ半数以上の学校には教育福祉士が配置されてないのが現状である[25]。

　このような教育福祉士の不足による教育福祉の死角地帯を無くし、地域全体に教育福祉が行き届くような地域ネットワークの構築のため、ソウル市では各区に教育福祉センターを設置している。詳しくは、次節で検討するが、地域に教育福祉センターが設置されることによって、親や地域住民との連携が取りやすくなり、教育福祉士の未配置学校への支援も可能になってきた。まだソウル市に限ることではあるが、教育福祉士の配置が教育庁および学校から地域教育福祉センターへと拡大されることによって、教育福祉士の役割も困難を抱えている子どもへの支援から地域課題や住民のニーズも考慮した地域を基盤とする教育支援に拡大されつつある。

3. 地域基盤型教育福祉を支える教育福祉士の実践
　　　― ソウル市の取り組みに着目して ―

　2003年ソウルと釜山の45小・中学校から始まった教育福祉事業は、その支援対象校が年々増え、2017年には3,000校以上にまで拡大された。教育や文化等を中心としたプログラム形式の学習経験が提供される同事業によって、従来の授業料や給食費支援のような物的支援の福祉を超え、精神的な支援までを行うより積極的な福祉へ転換されるようになった。さらに、「教育福祉士」という専門職員の配置によって、学校と地域をつなぎ、その効用性に気付く契機

をつくることができたことと、学校の教員が教育福祉の意味や実践方法を学び、その学びが教員の自己効力感を高め、学校の役割に対する認識を進展させたことなども同事業の成果といえる[26]。

しかし、2011年から教育福祉の財源を特別交付金から普通交付金へ転換し、支援対象校が大幅拡大され、予算額も一時増えたものの、最近は年々少しずつ減額されている。また、専門職員である教育福祉士が配置されている学校は2017年現在対象校の47.5％で半数以上の学校においては専門職員が配置されずに事業が運営されており、配置されても学校内での位置づけの弱さや不安定な雇用条件等の問題もある。そして、近年学校不適応や学習障害、低所得層等の児童生徒を支援するための他省庁によるさまざまな事業が増え、教育福祉事業との重複が多く、事業運営の効率性問題が問われるなど[27]、教育福祉事業の運営における課題は少なくない。

とくに、教育福祉事業の実施において重視されるのが学校と地域の連携・協力であるが、実際学校の担当教員や関連行政に教育福祉事業に対する認識や専門性が確立されておらず、事業の効果を十分得られていないところも依然として多い。教育福祉事業は専門職員の教育福祉士1人で実現できるものではなく、学校教員をはじめ、保護者（親）、関連行政、地域の住民および関連機関等が緊密に連携・協力しながら取り組むことで、その効果は生み出されるのである。このような点に留意しながら、地域の教育福祉ネットワークを構築し、より統合的な教育福祉事業を行うために、2012年から各地区に「教育福祉センター」を設置して教育福祉事業に取り組んでいるソウル市の実践が目を引く。

教育福祉センター（以下、「センター」という）とは、家庭の経済的・文化的欠乏によってさまざまな危機にさらされている子どもたちを対象に、地域社会に散在している地域機関と教育福祉協力ネットワークを構築し、学校と協力しながら学校適応力、情緒・行動、家族支援等の統合的な教育福祉サービスを提供するために設置された地域機関である[28]。同センターの設置背景としては、それぞれ特化されたサービスのみを提供する各地域機関からの協力を誘導し、統合的なサービスを提供する拠点をつくることで、学校と各機関とが固有の特性を維持しながらも、業務の重複および死角地帯を無くし、地域全体に教

育福祉が行き届くような地域ネットワークの構築が求められたことが挙げられる。つまり、地域ネットワークの強化のための学校―地域（自治区）―民間機関の連携・協力の拠点が必要となったからである。教育福祉事業では学校と地域の連携・協力が強調されているが、多くの学校は地域とまだ距離が遠く、強いて言えば、閉鎖的な学校運営を長年行ってきたこともあって、実際地域との連携や協力の経験が乏しい。それゆえ、教育福祉事業においても支援対象校が中心となって家庭や地域にある諸教育・文化関連機関との協力やネットワークを構築しているところは少ない。

　さらに、教育福祉事業の指定を受けてない地域の子どもたちは、どうしても教育福祉の支援やケアを受けにくくなるという問題も生じている。このような問題を解決するため、ソウル市は、教育福祉事業の指定を受けていない地域を中心に、独自の「地域教育福祉センター」を設置し、教育福祉士（ソウル市では「地域社会教育専門家」を使用）が配置されていない学校の子どもたちを支援・ケアするとともに、各地域の拠点施設とする企画を立て、モデル運営地域として5地区を選定して運営をスタートした。2013年からは教育支援庁（教育委員会）の公募によってセンターを設置（指定）・運営しており、2018年3月現在、ソウル市25区のうち、23区に同センターが設置されている。

　2014年12月には、地域を基盤とする教育福祉の支援体制をつくり、地域の資源を学校が活用しやすいシステムの構築を支援することによって、児童生徒の教育福祉の増進を図るために、「ソウル特別市教育庁教育福祉官民協力活性化条例」を制定・公布している。教育福祉に対するニーズが多様化し、個々人の状況に合わせた支援を求める声も高まるなか、教育庁や学校の教育福祉関連の財政や人材だけでは教育に恵まれない児童生徒の多様化したニーズや教育福祉の死角地帯の解消が困難になってきている。にもかかわらず、市民と教育機関の協力は組織化・制度化されていないのが現状である。

　そこで、ソウル市では、学校と地域機関の教育福祉協力事業に対する官民協力を制度化し、地域機関や住民の教育福祉事業への参加を促し、また地域資源の発掘や管理システムの構築を図ることによって、同事業が地域社会に定着できるようにするための条例づくりに着手したのである[29]。センターの運営は

委託形式で行っており、委託先は児童・生徒に対する教育福祉事業を営む法人または団体として「教育福祉協力事業者」と呼んでいる。委託運営機関は委託運営開始日から3年以内とし、委託を受けた協力事業者はセンターの人材・予算・組織等を独立的に運営する。センターの職員としては、教育福祉士またはそれと同等の資格を有する者を採用している。

　センターの主な事業としては、大きく2つに分けることができる。1つは学校支援を通じた児童生徒の成長を支援すること、いま1つは教育福祉ネットワーク構築の強化である。

　まず、学校支援を通じた児童生徒の成長における支援対象は、学校および担当教員、対象児童生徒およびその家庭（親）、地域の関連機関である。具体的な支援内容は、第1に、定期的な学校訪問を通して学校とセンター間の協力体系を強化し、専門職員が配置されてない教育福祉事業対象の一般学校およびまだ支援対象でない非事業学校における支援対象となり得る新しい児童生徒を発掘し、成長支援を強化している。第2に、生徒支援のための学校—地域の協議体を運営し、個別支援のための関連機関への訪問に同行し、協議会を運営するなど、学校と地域の連携を図っている。第3に、児童生徒の個別ニーズに合わせた支援を行っている。

　いま1つの教育福祉ネットワーク構築の強化においては、学校をはじめ、家庭（親）、地域内の教育・相談関連機関、そして地域住民を連携させ、統合支援チーム協議体の運営を支援しており、圏域別教育福祉協議体および地域教育福祉共同体に参加し、地域独自の協議体系をつくるなどの教育福祉ネットワークの基盤づくりに取り組んでいる。そして、教育福祉インフラを構築するための人材や物的資源の発掘および養成にも力を入れており、地域の特性を考慮した特化事業をも開発している。

　要するに、ソウル市の地域教育福祉センターは、支援が必要なのにかかわらず、教育福祉事業から漏れてしまう子どもたちを救い上げる役割とともに、地域の多様なアクターがつくりあげていく地域基盤型教育福祉の拠点としての役割も果たしており、その中心には教育福祉士という専門職員がいるのである。

4. おわりに

　1990年代半ばから約20年間は、韓国社会が多方面において躍動を見せた時期である。とりわけ、前半の10年間は、政治においては戦後初めてのリベラル系政権（金大中政権、盧武鉉政権）が登場し、民主主義を大きく発展させた時期である。しかし、政権交代初年度から金融危機によって社会は大きく揺れ動き、経済的な困難を抱える人が急増した。その余波は教育分野にまで及び、教育格差問題へとつながった。そのような状況から、この時期に教育福祉政策が構想・実行されるようになったのである。

　教育福祉優先支援事業をはじめとする教育福祉政策が学校の垣根を越え、家庭や地域と連携し、地域教育福祉共同体の形成にまでつながるようになった背後には、同時期に大きな発展を遂げた平生学習と市民運動の役割があった。1990年代半ば、国内的には地方自治が復活し、市民運動も活発になり、世界的には情報化とグローバル化が進展するにつれ、平生学習へのニーズが高まるようになった。1999年には平生教育法が制定され、市民と自治体の協働や、多様な自治体条例の制定が続いた。

　その後、2007年の平生教育法大改正によって、平生教育推進支援体制の構築および専門職員（平生教育士）の養成と配置の強化、さまざまな平生学習支援事業の展開が進められ、韓国の平生学習は大きな跳躍を見せるようになった。とくに、2000年以降平生学習政策によって広く設置された平生学習施設とそれによる学習機会は地方自治や市民運動と結びづき、活発なマウル（地域）づくりへと発展した。つまり、学びを基盤としたマウル共同体の構築が各地で取り組まれるようになったが、官民協働の地域教育福祉ネットワークづくりもその延長線上にある取り組みといえよう。

　教育部は平生教育や教育福祉事業を展開していく上で、その専門性を担保するために専門職員の養成および配置にも努めてきた。平生教育士は、公的領域だけではなく、平生教育関連の民間施設でも採用されており、その活動内容も市民教育支援から職業教育、地域づくり、教育福祉支援など多方面にわたって

おり、汎用性の高い資格である。それは、本章で扱った教育福祉士の資格要件に平生教育士の有資格者が含まれていることからもうかがうことができる。また、教育福祉士に対しても、困難を抱える子どもへの支援を核としながらも、その過程において学校と家庭、地域とをつなげ、いわゆる「地域教育共同体」づくりを担う役割など多元的な専門性が求められている。

　一方、以上のように平生教育関係職員に対してはさまざまな役割が求められ、その職務の重要性も高まっているものの、専門職としての職業的位置づけや雇用条件などといった制度的改善を要する課題は依然として多く残されている。ところが、これまでも平生教育関係職員の地位や待遇の向上を求める学界や関係団体の積極的な働きかけによって、養成および配置などの制度面において少しずつ進展があったが、最近さらなる制度改善（例えば、公務員への職列化など）に向けた法改正のための取り組みが新たに始まっており、今後の動きも目が離せない。

注
1) キム・ジョンウォンほか『教育福祉の理論と実際』学而時習、2010年、pp.12-13。
2) リュ・バンラン『教育共同体を志向する教育福祉の発展課題』韓国教育開発院（KEDI）、2013年、p.22。
3) 韓国では、貧困や健康、文化の違いなどによって教育機会に恵まれない人びとを「教育脆弱集団（educational disadvantaged group）」と呼んでいる。貧困家庭や一人親家庭、多文化家族（国際結婚によって構成される多文化家庭、移住労働者や留学生、北朝鮮離脱住民などのように家庭内に多様な文化が共存する移住民家族）およびその子どもたちがその代表的な例である。
4) キム・ジョンウォンほか、前掲書、p.12。
5) 「文解」は単に「文字（word）を読むレベルを超え、世界（world）を読むこと」を意味する。国家平生教育振興院によれば、「文解能力は、単位読み書きができる能力ではなく、すべての教育の土台になる日常生活における最も基本的な能力として、教育を受ける権利を実現する基本前提である。これは人間の成長、社会経済的発展、民主主義の実現のために必ず身につけなければならない能力であり、すべての国民が持つ『権利』である」国家平生教育振興院ホームページ（https://le.or.kr/contentView.do、最終確認：2018.11.11）。
6) リュ・バンラン、前掲書、p.4。
7) 呉世蓮ほか「韓国の平生教育・この1年〜2017-2018年〜」東京・沖縄・東アジア社会教

育研究会『東アジア社会教育研究』No.23、2018 年、pp.94-106。
8) 梁炳賛「韓国平生教育専門職員制度の成立と発展」日本社会教育学会編『社会教育職員養成と研修の新たな展望』東洋館出版社、2018 年、pp.132-133。
9) 公的平生教育機関としては、国家および市・道平生教育振興院、市郡区平生学習館、自治体および教育庁の平生教育担当部署に配置されており、民間教育機関としては①学校附設平生教育施設、②事業場附設平生教育施設、③メディア機関附設平生教育施設、④知識・人材開発型平生教育施設、⑤市民社会団体附設平生教育施設、⑥遠隔型平生教育施設、⑦単位銀行機関に配置されている。詳しい配置状況は、梁炳賛、前掲書、p.139 をご参照いただきたい。
10) 同上、p.143。
11) 同上、p.138。
12) 「地域づくりリーダー養成における国家資格の導入が必要」『韓国日報』2017 年 7 月 25 日（http://www.hankookilbo.com/News/Read/201707251694039109）。
13) 李正連「学習を基盤としたマウル共同体づくりへの挑戦―韓国の平生教育実践協議会の取り組みを中心に―」『持続可能で価値多元的なまちづくり―プロジェクト志向の平生学習へ―』(2012-14 年度科学研究費助成事業（基盤研究（C））「学習を基盤とする持続可能で価値多元的な社会モデルの構築」（研究代表者：牧野篤）、2015 年 9 月、pp.123-131。
14) 李撲仙「平生学習マウルづくりに関する参与実践研究―始興市の事例を中心に―」公州大学博士学位論文、2017 年。
15) 韓国の地方公務員任用令第 3 条第 1 項では、一般職公務員の職群・職列・職種および職級を定めているが、一般職公務員の職列表で行政、技術、管理運営の 3 職群を定めている。そのうち、行政職群は、行政、税務、電算、教育行政、社会福祉、司書、速記、防護の 8 職列からなっているが、平生教育士はまだその中に含まれてないため、任期制公務員としてしか採用されず、不安定な雇用環境に置かれている。それゆえ、平生教育学界および関連団体が平生教育士の公務員への職列化を強く求めているのである。
16) 李正連「韓国の改正平生教育法に関する考察―その意義と課題―」東京・沖縄・東アジア社会教育研究会『東アジア社会教育研究』No.13、2008、pp.53-55。
17) 国家平生教育振興院ホームページ (https://le.or.kr/contentView.do、最終確認：2018.11.11)。
18) 「成人文解教室へ参加した高齢者の地域講師活動」ソンミン総合社会福祉館ホームページ (http://smw.or.kr/bbs/board.php?bo_table=m04_02&wr_id=1240、最終確認：2018.11.11)。
19) 「文山小学校と文山図書館文解教室の生徒たち」『ニュース舒川』2018 年 11 月 14 日 (http://www.newssc.co.kr/news/articleView.html?idxno=36302、最終確認：2018.11.14)。
20) 李正連「地域教育ネットワークが紡ぎ出す教育福祉」梁炳賛・李正連・小田切小田切督

剛・金侖貞編著『躍動する韓国の社会教育・平生学習 ― 市民・地域・学び ―』エイデル研究所、2017 年、p.89。
21) 教育科学技術部・韓国教育開発院『教育福祉投資優先地域事業、このように行います』2010 年、p.24。
22) 同上、p.36。
23) 韓国学校社会福祉士協会ホームページ（http://www.kassw.or.kr、最終確認：2018.11.11）。
24) 「教育公務職」とは、市・道教育庁管轄の各級学校や教育行政機関で教育実務や行政実務（給食や行政、ケア、相談等）を担当する職員であり、その雇用形態は無期契約職員または期間制（有期）契約職員として採用される。
25) 韓国学校社会福祉士協会「2018 学校内の社会福祉事業現況資料」2018 年、p.3。
26) キム・イニ「教育福祉優先支援事業の発展方案」『教育福祉優先支援事業 14 年、教育福祉の明日を問う』教育福祉優先支援事業の発展方向模索の討論会、2016 年 2 月、pp.13-15。
27) 同上、pp.14-18。
28) ソウル特別市教育庁『2017 年度地域教育福祉センター運営マニュアル』2017 年、p.3。
29) 「ソウル市議会、教育福祉民間協力活性化条例制定」『ソウル福祉新聞』2014 年 12 月 23 日（http://www.swnews.kr/news/articleView.html?idxno=10780）。

第6章
社区教育と地域づくりをつなぐ中国社区教育職員の可能性

はじめに

　中国では、国レベルの生涯教育の法制度は未だ整備されていない。したがって、当然ながら、国民の生涯教育を実現する実践の場としての社区教育に関する条件整備も、ハード面とソフト面を問わず、整っていないと言わざるをえない。近年、社区教育の専門職制度の構築やその専門職の養成制度の整備が重要な課題として認識されてきている。概ね①社区教育職員の専門職としての存在の必要性とそれに関わる専門職制度の構築、②社区教育職員が持つべき専門性や能力、③社区教育職員研修制度の構築の必要性等がこれまでの研究で検討されてきた[1]。これらの研究の背景には、社区教育領域では日本の社会教育主事のような専門資格や養成制度は設けられていないことがある。

　今まで一部の社区教育の先進地域では、生涯教育に関する地方条例の制定を試み、地方裁量の下でハード面における社区教育施設の整備やソフト面における職員の配置に努めてきたが、多くの地域では未だ発展途上であるといえる。一方で、この未成熟の段階では多くの可能性が開かれ、期待が持てるともいえる。

　本章は、中国における社区教育の概念と社区教育施設の機能を検討した上で、その重要な役割を担う社区教育職員のあり方を模索することを目的とする。それを踏まえた上で、現在の社区教育職員養成の実態と課題を解明し、社区教育の専門職制度の構築のための手がかりを探る。具体的な事例を検討する

際には、社区教育の発祥地であり、さまざまな面で先導し試行錯誤しながら取り組んできた上海市の実践を取り上げることとする。

1. 社区教育とは何か

社区教育は、1980年代後半に都市部の教育体制改革の中で始まった教育実践活動である。その活動展開の経緯をかえりみると、1985年の教育体制改革の方針を受け、上海市をはじめとする一部の大都市では、地域レベルの行政機関、学校や企業とともに連携し、社区教育委員会が組織された。社区教育委員会は、学校教育の社会化を積極的に推進し、学校、家庭と社会からなる教育のネットワーク化を図り、青少年の健全育成を主な目的として、青少年を対象とした社会実践活動を行っていた。

その後、国際的な潮流となる生涯教育・生涯学習の理念を受け、生涯教育体系の構築が国家の教育政策・法律として位置付けられる[2]。その際、生涯教育システムを構築する受け皿となるとともに、生活の基盤であるコミュニティの変化、住民のライフスタイルの変化、余暇生活の過ごし方などの都市部の生活課題が多様化するにつれ、そうした課題に呼応する形で社区教育がより広範囲の教育に広がっていった。その目標は青少年の学校外教育の推進から、生涯教育体系の構築と学習社会の形成へと転換するにつれ、社区教育は主に以下の変容が見られる。

まず、社区教育の対象者は、小・中学生の青少年から社区のすべての住民へと広がった。また、社区教育の内容は、青少年の徳育教育から、すべての住民の学習ニーズを満たすとともに、住民の教養の向上と生活の質の向上を図るための教育へと広がった。さらに、社区教育の実施方法は、社区の各組織が学校教育に協力することから、学校と社区が相互に支えあい、教育と社区との両方の発展へと転換した。

牧野（2006）は、このような社区教育の展開過程を3段階に分けている。第1段階は1990年代前半における学校支援のための地域教育資源ネットワークとしての社区教育である。第2段階は1995年以降における地域社会の教育

事業体としての社区教育である。第3段階は2000年以降における行政的に再編された社会的セーフティネットとしての社区教育である[3]。

現在の社区教育は、社会的な公正と経済的な競争とを両立させる施策として、政府の行政行為として進められるようになった。牧野篤（2015）はこのような社区教育を「市場経済の展開にともなう新たな社会開発の手法」と捉え、社区教育の展開は、「社区建設と深くかかわりつつ、『学習』をキーワードとして、人々の教養の向上および職業生活の安定による社会の安定を目指すところに特徴がある」と述べている[4]。このような社区教育の実践的展開から、社区教育の社会性、すなわち社区建設（地域づくり）との深い関連が見てとれる。

葉（2000）は社区教育について、「社区という範囲の中で、社区の中のすべての住民を対象に、民衆の利益とコミュニティ発展のニーズに結びつき、社区の建設と発展、社会問題の解消、および社区構成員と彼らの生活の質の向上を目的とする教育活動の総合体である」[5]と定義している。ここから社区教育には3つの機能があると解釈できる。1つは、教育を通じて社区住民自身の資質の向上を促す機能である。2つは、教育を通じて社区住民の生活の質的向上を促すこと、3つは、社区そのものの発展を促すことである。1つ目の機能は、個々人の自己形成という側面からみて教育の本来的な機能であるといえる。それに対して、生活の質的向上やコミュニティそのものの発展との関連は、社会的あるいは福祉的な機能という社区教育の独自な社会教育的性格だといえる。これは、つまり上記の牧野が言う社区教育による社区建設という考え方と共通していると考えられる。

一方で、葉の定義では社区教育が「社区という範囲」での教育活動に限定されているが、実際に区／県、街道／郷／鎮[6]等の異なる行政レベルでは、それぞれ社区教育のための施設を持っており、各レベルの施設は異なった教育機能を果たしている。つまり、社区教育は末端組織の社区／村のみならず、社区を超えて、街道や区などいっそう広い範囲で教育活動を行っている。つまり、生涯学習社会の形成に向けて、社区教育がその担い手となり、多レベルで多種多様な教育活動と学習手段を住民に提供している。

以上を踏まえると、社区教育はマクロとミクロとの2つの次元で役割を有

するといえる。マクロな次元においては、学習社会の形成を実現するための実践の受け皿としての社区教育である。ミクロな次元においては、コミュニティに根ざした地域問題の解決の手段としての社区教育である。社区教育のこの2つの次元での機能を結び付けながら再考することは、社区教育の職員の本質を究明するのに必要不可欠な作業であろう。以下では、社区教育の施設に着目して、具体的に異なるレベルの社区教育施設がどのようにこの2つの次元での機能を果たそうとしているのかを明らかにし、そこに求められる職員の役割と資質を検討する。

2. 社区教育職員の役割

（1） 社区教育施設の機能と職員の役割

社区教育体系は、基本的に区レベルの社区学院、街道レベルの社区学校[7]と社区レベルの住民教育拠点からなり、上から下までの3層の教育ネットワークによって形成されており、①社区学院が「主導」、②社区学校が「中核」、③住民教育拠点が「基礎」となっている。そのなかで、住民教育拠点は主に地域のフリースペースや活動室、社区事務所等を活用して活動を展開している場合が多く、独自の教育施設を持ち、社区教育のための職員が配置されているのは社区学院と社区学校である。

1） 社区学院

上海市の社区学院の設立は2007年より本格的に進んだ。現在に至って、上海市のすべての区にそれぞれ1つの社区学院が設置されている。社区学院の設置形態に関しては、過渡期の措置としてその地区にある余暇大学、放送大学の分校、成人教育センター、成人中等教育施設および職業訓練施設等を基盤として設置し、その後次第に独立法人に移行するとされた。つまり、一つの施設には社区学院とともに、余暇大学、放送大学や成人教育センターなど多くの看板が設置されることとなる。そこの職員は基本的に従来の職員が兼務している場合が多く、教育局の配置転換によって新規に配属される場合もある。

社区学院が行う主な教育内容は成人の中等、高等教育段階の学歴教育と職業

教育とされており、この点においては従来の成人教育施設の役割と大きく変わらない。その上に、住民の教養や精神生活を豊かにするためのレジャー・文化教育が社区教育の内容として付け加えられている[8]。住民に直接的に教育活動を提供するほか、社区教育関係職員等の養成、社区学校への指導、社区教育の教材づくりなども社区学院の役割とされている。ここでいう社区教育関係職員とは、社区学校の管理者、専任・兼任教員とボランティア教員を指す。社区学院は高等教育機関として、大学等と連携して研究調査やオンライン学習等の技術開発等の機能も担う。

以上から住民の教養や精神生活を豊かにするためのレジャー・文化教育のほか、社区学院は高等教育機関としての役割が大きいことがわかる。したがって、社区学院の職員に高等教育機関にふさわしい学歴や高い専門力が求められている。

2) 社区学校

社区学校とは、街道政府が自らの区域内の各種教育・文化・研究・体育等の資源を活用し、民間教育組織とも連携し、社区の住民に向けて非営利的な社区教育活動を行う施設である。社区学校の役割に関しては、社区住民全体の教養と生活の質の向上、社区の環境を改善し、社区建設に貢献することであると定められている[9]。

社区学院の主な教育内容が明確に規定されているのに対して、社区学校の教育内容に関しては明確な規定がなく、学習社会の形成に「中核」的な役割を果たす社区学校が、社区住民の多様な学習ニーズに応じてより広範囲な教育内容を提供しなければならない。金（2007）は社区学校に求められる多様な学習ニーズを踏まえて、そこで働く職員の役割を「文化知識の伝授者、職業意識・職業技能の養成者、衛生教育の普及者、公民教育の宣伝者、余暇生活の先導者」と称している[10]。

これらの役割を担う者のほとんどは実際にボランティア教員である[11]。そのほかに、1つの社区学校に4〜6名の専任教員が配置されており、その一部の専任教員は社区学校の管理職も兼任している。これらの専任教員は教育局が元小中学校の教員から、または街道政府が職員から適切な人材を選んで社区学

校に配置されている[12)]。これは、2004年の教育部の指針を受けて進められた社区教育職員の組織化である[13)]。それをきっかけに、各地の教育部門が学校の教員や校長または副校長を社区教育施設に異動させたのである。他方、これらの小中学校から選ばれた者は、学校から社区に異動するに際しての新たな領域への適応および専門性向上の促進もしばしば課題として提起されている。

　社区学校の専任教員の職務内容は、実際の社区教育活動の実施、および兼任教員、ボランティア教員への指導、居民委員会の住民教育拠点に対する指導などがある。つまり、社区学校の専任教員は、知識の伝授者のみならず、組織の管理者、地域のコーディネーターとしての役目もある。これは、社区学校の役割と掲げられている住民の生活の質の向上や地区建設とも関連しているだろう。特に、近年では農村の都市化、工業化に伴い、農村からの出稼ぎ労働者をはじめ過去に存在していなかった都市部の新たな住民層が現れ、都市部での就労や生活に対応するための教育、および農村出身者の子どもの教育権の保障等のニーズへの対応も社区学校がしなければならない状況になってきている。これらの地域課題について、社区建設の一環としていかに社区教育を通して対応可能なのかは、社区学校の専任教員にとっての大きな挑戦になる。

（2）政策にみられる社区教育職員の資質

　2013年に教育部は「社区教育職員の基本基準」（以下、「基準」とする。）を制定し、社区教育職員の資格、仕事内容等を明記した[14)]。本項では、国家政策における社区教育職員の職務と役割を通して、社区教育の職員に求められる資質を解明する。

　「基準」による社区教育職員とは、社区教育に関わる管理職者と専任教員と大きく分かれている[15)]。それぞれの職務については下記表6-1に示される通りである。いずれの仕事内容にも党と国家の教育方針・政策・法規の徹底や、社区教育・生涯教育・学習社会に関する理論と知識の宣伝・普及に関することが最初に挙げられている。一方で、管理職者が社区教育発展の全体に関わるニーズ調査、質的保障、職員の指導、養成と評価等に責任を持つ一方、専任教員は実際の教育内容や方法、学習者の学習等に責任をもって行う必要があると

表6-1 社区教育職員の職務内容

管理職者	1. 社区教育の管理に関わる業務、社区教育の発展計画や年次計画及び監理制度等の制定； 2. 社区教育に関する調査研究、社区教育の発展ニーズや学習者ニーズの把握、教育計画の制定、教育資源の開発； 3. 学習組織づくり； 4. 社区教育の質に対する監査、評価； 5. 社区教育職員の教育、養成； 6. ボランテイアへの働きかけ、評価； 7. 社会教育理論研究の実施、研究と実践の成果公開促進
専任教員	1. 社区教育に関する教育・訓練、教育の質的保証； 2. 社区教育に関する調査研究、教育計画の作成、教育科目・カリキュラム開発と教育資源の開発； 3. 教育の内容と方法に関する教育改革の推進； 4. ボランティアや学習組織に対する指導と管理； 5. 社区教育の理論研究、教育・訓練の個別案件の研究と成果の取りまとめ

出所：教職成司函［2013］35号「社区教育工作者崗位基本要求」第二条に基づき筆者作成

されている。

　以上の職務内容に応じて、管理者に対してマネジメント能力や企画起案能力等の組織者としての能力が重視されるのに対して、専任教員はカリキュラム開発等の教授能力に重点が置かれている。具体的には、管理職者は「組織管理、社会調査・研究、企画力、コミュニケーション能力・協調性、言語表現力、コンピュータ使用能力」が求められ、専任教員に対しては「携わる教育のレベルにふさわしい教育研究・業務遂行能力、教育マネジメント能力、社会調査・研究、カリキュラム開発、言語表現力・文書作成能力、コンピュータ応用能力、標準語資格等」が求められている。

　職員の学歴に関しては、社区教育施設のレベルによってその基準が異なっている。社区学院では大卒（4年制大学）以上の学歴を有すること、社区学校では大学専科（3年制大学）以上の学歴を有することとされている。管理職者は、大学専科以上の学歴（あるいはそれと同等学力）及び管理職の経験を有することとされている。これには前述の社区学院と社区学校のそれぞれの教育役割の差異も反映される。つまり、社区学院は高等教育機関として高度な専門知識や

能力が求められるのに対して、社区学校では教養教育が中心であるため、専門性よりも、教授能力やマネージメント、コーディネート能力が重視されている。

3. 上海市における社区教育職員養成の現状と課題

　本節では、筆者が2016年5月に上海市で行った実地調査に基づき、中国における社区教育職員養成の仕組み、内容等の実態を明らかにしていく[16]。

　2016年に教育部は社区教育職員の専門性を向上させ、その養成、教育・研修を強化すると社区教育の職員の養成に明確な指針を示した[17]。この「意見」で特筆すべきは、社区教育職員の養成を推進するとともに、ソーシャル・ワーク専門の人材の社区教育における役割の発揮を重視すべきとされる点である。これについては本節の後半で詳述する。教育部の政策に基づき、各地の教育行政や関係機関は独自に職員養成の実践を試みている。社区教育の現場で働く職員がそれまでに受けた研修は、あくまでも学校教育を想定したカリキュラム設計や教授法等が主な内容であった。これは明らかに社区教育にふさわしくないことから、社区教育職員の専門力向上の役割は、市や区レベルの社区大学や社区学院等が担うようになった。

　また、専門職の養成（または高度な専門性を要する人材の育成）に本来役割を果たすべき大学機関に関しては、政策的に明確な規定はないが、大学や高等職業学校において社区教育関係の専攻・コースの設置を推奨し、卒業生が社区教育関係施設に就職するよう導くことを推奨すると記されている[18]。このように、社区教育職員の専門的養成の仕組みは養成主体によって、大学による養成と社区教育施設による養成という大きく2つに分けることができる。前述のように、社区教育職員の養成対象は、管理職者と専任教員と2つに分かれるが、そのなかで、大学が担う養成の役割は主に管理職者を対象とし、社区教育施設は専任教員を養成する役割を担っている。

（1） 大学における社区教育職員の養成

　ここでは、社区教育の職員養成に関わっている数少ない大学のなかで率先して取り組んできた華東師範大学の実践を通して、高等教育機関としての大学がどのように関わっているかを考察していく。華東師範大学は建国直後の1951年にいくつかの大学の学科合併により設置された。現在は総合大学として国家教育部より重点的に発展させる大学の一つとなっているが、その名の通り、教員養成に重点を置いてきた大学である。上海市における社区教育の発展に伴い、社区教育に関する研究と人材育成についても先導して取り組んでいる。

1） 大学の専門養成課程

　華東師範大学教育学部に社区教育・生涯教育に関わる部門としては、教育学系、生涯教育研究院、職業教育・成人教育研究所、開放教育学院が挙げられる。そのなかで、生涯教育研究院は上海市教育委員会の委託を受け、2012年に華東師範大学で設立された政策諮問と調査研究機関である。実際に教育部門として学部と大学院教育を行うのは教育学系と職業教育・成人教育研究所である。

　教育学部の教育学系では、教育史学科と教育学原理学科という2つの学科に分かれている。さらに教育学原理学科ではさらに4つのコースに分かれるなか、4つ目のコースは基礎教育改革・発展講座、生涯教育講座と家庭・社区教育講座からなる[19]。2年生以上の学生がこれらの講座が開講している選択履修科目を履修することができる。例えば、2016年には「生涯教育の理論と政策」「社区教育と高齢者教育」「社区教育と社区生活」等の科目が開講された。

　教育学部でもう一つの社区教育に関わる部門である職業教育・成人教育研究所は3つの部門に分かれている。それぞれは職業教育研究センター、成人教育研究センターと社区教育研究センターである。職業教育研究センターはその名の通り、職業技術教育に関する教育と研究を中心とする部門である。社区教育研究センターはあくまでも研究機関であり、社区教育の職員養成や学位授与等の教育機能は含まれていない。実際のスタッフも成人教育センターの教員が兼任している。したがって、職業教育・成人教育研究所のなかで唯一、社区教育の人材育成に関わりを持つのは成人教育研究センターとなる。

表6-2 成人教育学専攻修士課程・授業一覧表

2014-2015年度 第二学期	必修	研究設計と研究方法；成人教育のカリキュラムと教育論
	選択履修	成人発展と成人学習；比較成人教育研究；学習社会の理論と実践；生涯教育と諮問
2015-2016年度 第二学期	必修	研究設計と研究方法；成人教育のカリキュラムと教育論
	選択履修	成人発展と成人学習；成人教育と文化伝承；社区教育と学習社会
2016-2017年度 第一学期	必修	成人教育基本原理；生涯教育と生涯学習；専門英語
	選択履修	比較成人教育研究

出所：職業教育・成人教育研究所大学院カリキュラム一覧（2014-2017）に基づき筆者作成

　成人教育センターは2002年に設置された。学習社会形成の推進という背景の下に、成人を対象とする教育と学習の実践と理論を探求し、国民の生涯学習・生涯発展を促進することがセンターの趣旨である。教育の面においては、学部レベルの教育がなく、大学院レベルの修士課程と博士課程のみが設置されており、成人教育学に関する高度な専門人材を育成することを目的とする。成人教育センターで近年開講されている科目の一例は表6-2の通りである。しかし、社区教育の専門職制度がないため、取得単位数等に関する明確な規定もなく、あくまでも学生の自主的な履修にとどまっていることが課題としてあげられる。

2）大学による短期研修

　上記の学部や大学院における学位取得を通じた人材育成のほか、大学が主体となり、社区教育施設の管理職者を対象にする短期研修もある。華東師範大学教育学部は「上海市精神文明建設委員会」の委託を受け、社区学校校長養成講座を開設し、2012〜2014年の3年間、上海市のすべての社区学校の校長がその講座を受けた。養成講座は、主に座談会、交流会、社区教育モデル区における施設見学等の形式で行われる。そのほか、読書や論文（報告）執筆も含まれている。研修終了後、華東師範大学により終了証書が交付される。

　初期の試みとしての校長研修が終了後の2015年2月に、華東師範大学のEDP（上級管理者発展・養成）センターが、上海市普陀区、楊浦区と浦東新

区の委託を受け、その3つの区の社区学校校長と社区教育の優秀な専任教員を対象に養成講座シリーズを始めた。この養成講座の開設は、社区教育現場の管理職者と教育者の専門能力を向上させるとともに、社区学校間の交流を促すことも目的であった。

　養成講座シリーズの経験と成果を踏まえ、その養成対象の範囲が前述の3つの区から全上海市まで広がった。2016年にEDPセンターが上海市学習社会形成・生涯教育促進委員会の委託を受け、上海市の各区から推薦された社区教育の管理職者と専任教員、約300人に「上海市社区教育管理職者養成講座」を行った。2016年に開設された講座では社区教育・生涯教育に関する政策解説を行うほか、社区教育職員の主体性を重視し、参加者同士の交流を深めるための実践報告やワークショップの割合を増やした。また、現場見学は、社区教育の発展した地域でなく、農村地域の社区教育の発展状況を把握するために崇明区竪新鎮仙橋村で行われた。

　以上、社区教育職員の養成あるいは専門能力の向上に当たって、大学が行う実践を考察してきた。社区教育に関する専攻や講座が置かれている大学が少ないこと、大学における生涯教育・社区教育分野の教員が少ないことなどは、大学側による社区教育の職員養成の根本的な課題であるが、一部の大学では教育学部が主体となり、学部と大学院レベルで社区教育、生涯教育、成人教育に関する授業科目を提供していることがわかった。

　しかし、明確な統計はないが、実際に社区教育に関わる就職ができる卒業生が少ないという。その原因の一つは、教育行政部門内部にポストが足りないことが考えられる。社区教育施設における人事採用は、教育行政の統一採用、統一配置に基づいて行われるが、正規のポストは現職の元学校教員で埋まっており、新規に増やすことが難しい状況である。つまり、社区教育に関連する専門知識を習得した卒業生がそれを活用する場がない一方、社区教育の現場で働いている者たちが専門性を欠いているという矛盾を抱えている。

　したがって、社区教育に関連する学位を持つ者の新規採用を少しずつ増やすよう改善していく一方、短期の講習、研修制度を通じて現場ですでに働いている職員の専門性を向上させることがより大きな現実課題であるといえる。しか

し、本項で検討してきた大学による養成講座は、ごく一部の選ばれた者、いわゆる上級管理職者や優秀な専任教員に限定されている。ほとんどの社区教育職員の在職研修は、社区学院等の社区教育施設が主体となって行っている。

(2) 社区学院における社区教育職員の養成

本項の事例として取り上げる徐匯区は、2003年に全国社区教育実験区に指定され、社区教育の取り組みを模索しながら展開してきた。2005年12月、社区学院が徐匯区余暇大学と併設する形で設立されるとともに、余暇大学の校長が社区学院の院長を兼任することとなった。社区学院に社区教育部が設置され、なかには4つの部署があり、それぞれは遠隔教育課、マネジメント・サービス課、発展・研究課と企画・養成課である。社区学院の業務内容は、①社区教育カリキュラムの構築、②社区教育職員の専門化、③街道等の社区学校やコミュニティ住民教育拠点への指導、④社区教育理論研究、⑤徐匯区社区教育ホームページの運営・管理と、⑥社区教育月刊誌の編集・出版である。ここでは、②社区教育職員の専門化について具体的に見ていく。

2012年現在、徐匯区社区教育職員は管理職者63人と専任教員、兼任教員やボランティアを含む約2,000人がいる。その具体的な構成は表6-3の通りである。そのうち職員養成の対象となるのは、管理職者（63人）[20]と専任教員（67人）であり、そのほか、未成年者保護事務所の管理職者も含まれる。

表6-3 徐匯区社区教育職員構成一覧表

管理職者	社区教育管理事務室及び社区学院社区教育部の職員（14人）
	各街道の社会発展科科長（13人）
	各行政部門の社区教育コーディネーター（23人）
	各街道の社区学校副校長（13人）
教員	専任教員（67人）
	兼任教員（約1,700人、ボランティアの一部を含む）
	住民教育拠点の社区教育スタッフ（約290人）
	ボランティア（詳細数字なし）

出所：「徐匯区社区学院社区教師資培訓工作小結」2012年により筆者作成

1） 職員養成の形式と内容

徐匯区の社区教育職員養成の取り組みは、時期的に 2006 ～ 2010 年の試行・萌芽期と 2011 ～ 2015 年のシステム化を通して展開されてきた。2010 年までの試行期の成果は主に職員養成の形式と内容を定めたことにある。

まず、すべての社区教育職員に研修の機会を提供するようになった。毎年 2 回、毎回 2 日間にわたって行政の専門家や大学教員を招聘し、社区教育の理論と新しい政策動向に関する講座を実施するものである。これは社区教育職員の専門能力を高めるとともに、政策の解説を通じて新たな動向を把握させることが目的である。

また、新規に社区教育関係のポストに就く専任教員を対象に、集中講義型の就職前研修を実施することになった。研修期間は約 1 週間であり、上海市社区教育の歴史・経緯、社区教育の理念や役割等の内容を中心に実施し、職員の学校教育からの理念の転換や新しい環境への適応を目的としている。

さらに、社区教育現場のニーズに応じて、職員の実際の仕事内容と関連づけながら、必要な専門知識や技能等に関する研修を不定期で行うこととなった。例えば、実践の技法に関しては、コミュニケーション能力やマネジメント能力の向上、コンピュータ操作、インターネットの活用法、書類の記録と保管、作文法等の研修が挙げられる。理論知識に関しては専門家が社会学、教育学や心理学等の知識を現場の状況に関連付けながら解説する。政策や理論知識に関する講座シリーズの実施は、「上海遠程教育集団」[21]、華東師範大学、上海師範大学、上海戯劇学院等の高等教育機関や「中共上海市委党校・上海行政学院」[22]との連携の下で行っており、通信教育を利用して自ら学習することも可能である。

2） 職員研修の単位制

以上の成果を踏まえて、2011 ～ 2015 年の間は社区教育職員の評価と学校教育評価システムとの接続に重点が置かれ、研修の単位制の制定が進んだ。その背景には、教育行政システムにおいて社区教育のための専任ポストがなく、教員は学校系統にポストを置きながら社区教育現場で働いているという実情がある。つまり、社区教育施設で働く社区教育の専任教員にとって、社区教育シ

表6-4 社区教育職員研修の内容・形態

分類	内容	形態
教員の道徳・教養	道徳＆教養、工作形象、サービス精神、ボランティア精神等	教育研修
社区教育基礎理論	社区教育理論、ソーシャル・ワーク知識、社会学、教育学、管理学、心理学等	教育研修
業務技能	コンピュータ操作、インターネット活用、文書管理、新聞＆ニュース、イベント企画、未成年者保護等	教育研修
研究能力	課題の開発、研究の実行等	教育研修
人文＆総合教養	歴史、文学、芸術等、コミュニケーション能力や協調性の向上	教育研修

出所：「徐匯区社区教育専職隊伍"十二五"培訓実施方法（2011-2015年）」より筆者作成

ステムにおける評価の仕組みが用意されていないうえに、施設での業務内容が学校教育と異なるため、学校教育の評価システムで評価されることが困難である。これは、教員のキャリアアップに支障を生じており、職業の持続性に影響を及ぼしている。

これらの課題を受け、社区学院は学校教員研修と同じような単位制の仕組みを導入した。つまり、単位の一部は学校教員研修と接続しながら、社区学院が独自に行っている研修を単位化して提供するようになった。これをもって教員が途中で学校から社区教育現場に異動することになったとしても、評価システムの接続ができるようになった。

このような単位制の制定に応じたカリキュラム設計は必修科目と選択科目に分かれている。すなわち社区教育職員の専門性の向上に関わる共通課題に重点を置いた研修は必修となり、それぞれの社区教育施設の現状を踏まえて個別のニーズに合わせた研修は選択科目としている。選択科目は講座のみならず、検討会やワークショップ、交流会、見学会等の形式も導入されている。

（3）コミュニティ・ワーカーとしての社区教育職員

上記の表6-4の研修内容にソーシャル・ワーカーの理論知識が入っており、ソーシャル・ワークが社区教育の実践をする上で重要視されている専門領域であることがわかる。2007年から、社区教育職員を対象とするソーシャル・ワー

カー養成訓練が行われている。それは、社区学院と上海市青少年事務センターとの連携により始まった取り組みであり、社区教育職員が「ソーシャル・ワーカー（中級）」の職業資格を取得するための研修である。この取り組みの発想は、職業技術教育システムで進められてきた「デュアル資格」にあるように思われる[23]。「デュアル資格」はすなわち、職業技術教育機関では教員が教員資格を持つとともに、職業技術技師の資格も持つ施策である。社区教育職員のソーシャル・ワーク研修の取り組みもそれと似ており、学校教育から社区教育に配置されてきた教員は、教員の資格とソーシャル・ワーカーの資格との両方を持つことが推奨される。これは、前述の2016年の教育部「意見」におけるソーシャル・ワーク専門の人材の社区教育における役割の発揮という指針を具現化する取り組みの一つであるといえる。2012年現在、徐匯区社区教育の専任教員67人のうち、ソーシャル・ワーカーの資格を取得した者は22人である[24]。

　ソーシャル・ワークの理論を引用し、ソーシャル・ワーカーとしての価値観や実務方法等を社区教育の現場で応用させようとする動きはどのような意図に基づくのだろうか。少なくともこの社区学院と市青少年事務センターの連携の下で始まった取り組みでは、その主催部門からみると青少年の健全育成が目的の一つであると推測できる。一方で、ソーシャル・ワークとコミュニティ・エデュケーション（社区教育）の融合によって生まれる可能性はそれだけにとどまらないと思われる。ここで生まれるもう一つの概念は「社区工作者」である。それは「社会工作者」と呼ばれるソーシャル・ワーカーの一つで、社区に根差したソーシャル・ワーカーを指す言葉として使われており、すなわち、コミュニティ・ワーカーである。

　前述の華東師範大学EDPセンターはコミュニティ・ワーカーが現場で担うべき役割、及びその役割を果たすために必要とされる能力を取りまとめ、コミュニティ・ワーカーのモデル像を提起している。図6-1で示されるモデル像によれば、コミュニティ・ワーカーはコミュニティにおける提唱者、組織者、調整者、企画者、教育者とカウンセラーとしての役割を有する。ここでは、特に教育者としての役割に着目したい。

　教育者としての役割を果たすために持つべき教育力と指導力の詳細を見る

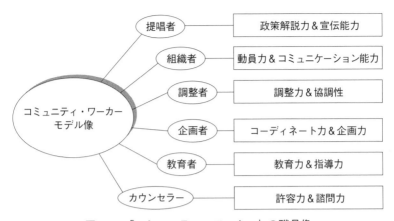

図6-1 「コミュニティ・ワーカー」の職員像
出所：EDPセンター「街道社区工作者角色模型」に基づき筆者再作成

と、教育力はコミュニティ・カバナンスのための専門的教育、指導力は住民の自己管理、自己教育、自己サービスのための専門的指導とされている。「自己管理、自己教育、自己サービス」は都市社区の自治組織である居民委員会の設置目的と基本精神となっており、このようなコミュニティ・ワーカーとしての職員像は、社区建設のための社区教育の本質と表裏一体となるものであるといえる。ソーシャル・ワークの領域と融合する社区教育の職員養成の取り組みは、新たに社区教育の専門職としてあるべき姿に示唆を与えるものといえるだろう。

おわりに

本章は、中国における社区教育の概念と社区教育施設の機能を検討し、国家政策を踏まえてそこに求められる職員の持つべき専門能力を考察した。冒頭で述べた社区教育の2つの次元での機能を果たす場としての社区教育施設に対する考察から、マクロな次元での学習社会の形成のための場として主に機能しているのは社区学院であり、ミクロな次元で地域問題の解決の手段として主に機能しているのは社区学校であるといえる。そこで、この2種類の施設における

職員に求められる資質や専門性、およびそれを養成するための教育・研修も当然相異なることがわかる。それらを踏まえて、上海市の社区教育職員養成の実態を明らかにした。

社区教育現場でのさまざまな活発な実践に比べ、それらの実践を行う職員の専門性の向上のための実践や理念の整理が明らかに遅れていると言わざるをえない。これまでの研究や実践現場から指摘されている社区教育の専門職制度の確立に至るまではまだ道が遠いが、職員の研修や評価の仕組み等に関わる課題に対して改善の兆候が見られる。

また、社区教育を通じた社区建設の理念に基づく社区教育の本質を見る場合、コミュニティ・ワーカーのような職員の存在は重要になる。一方で、コミュニティ・ワーカーとして提示されているモデルや持つべき能力と、実際に社区学院が行っている職員養成の内容・目標との間にずれが生じていることがわかる。本章で検討してきた社区教育職員養成の実態から、職員の専門性に対する理解に関して、管理職者には管理、組織、マネジメントの能力が重視されており、専任教員には実際に授業を行う際の教育能力が期待されている。また、筆者が社区学院で現地調査を行う際、現場で感じ取ったのは管理職者の養成よりも専任教員の専門性向上、特に授業改善や授業評価に力を入れており、学校教育の延長線上にある取り組みとなっていることである。地域づくりを意識した取り組みや認識は、養成側のスタッフからはうかがえなかった。

しかし、実際に地域課題の多様化により社区教育現場の状況も複雑となってきている。例えば、障がい者や生活困窮者等の社会的に弱い立場に置かれる者に教育的支援を行う際に、プロフェッションとしての特別な配慮が必要となるだろう。さらに、成人を対象とする教育は子どもを対象とする教育とは異なり、成人学習者の自己意識や自己成長を支援する役割を重視する必要がある。そこに社区教育職員のファシリテーター、助言者、ソーシャルワーカーやカウンセラー等々の役割転換が期待されるだろう。本章ではこのような役割を担いうるコミュニティ・ワーカーの可能性をソーシャル・ワークと社区教育との関連のなかで見いだすことができた一方、コミュニティ・ワーカーとしての実像や、実際にコミュニティにおいて果たしている役割まで検討を深めることがで

きなかったため、それらを今後の研究課題としたい。

＊本章は筆者論文「中国における社区教育職員養成の現状と課題：国家政策と上海市の実践を通して」（北海道大学大学院教育学研究院社会教育研究室『社会教育研究』第 35 号、2017 年、pp.65-76）に基づいて加筆・修正したものである。

注

1) 例えば、馬（2009）は学校教師としての専門職の内実に対する検討を踏まえ、社区教育の専門職はそれにふさわしい学歴や学力を有すること、特定の職業的能力と素養を持つこと、及びそれらに準ずる制度保証が必要であることを提起し、新人から成熟した経験者になる過程で、新任職員の養成、養成のための認定機関及び在職教師の継続教育等の制度的構築も必要であると指摘している（馬定理「社区教育工作者職業化専業化発展研究」、『成人教育』第 10 巻、2009 年）。陳（2011）は、国外の社区教育職員のモデル理論を参考に、社区教育職員が持つべき職業能力と素養を提起している（陳書娟「社区教育専職教師勝任素質模型研究——以上海市為例」華東師範大學修士論文、2011 年）。王（2010）は社区教育職員が学校教師という身分から転換してきたことを背景に、社区教育職員の職業的位置付けが不明確であり、職場異動後の専門的な教育・研修が不十分であることを指摘している（王永川「社区教育工作者専業素的缺失与対策研究」西南大学修士論文、2010 年）。王鵬（2010）も同じような課題を指摘したうえで、社区教育職員の就職前（社区教育現場に異動する前）の研修と就職後（異動後）の在職研修を制度的に保障すべきと述べている（王鵬「社区教育工作者専業化発展問題研究」『継続教育研究』第 9 巻、2010 年）。
2) 「中国教育改革和発展綱要」（中発［1993］3 号）、「中華人民共和国教育法」（1995 年 3 月 18 日公布、1995 年 9 月 1 日施行）。
3) 日本公民館学会編『公民館コミュニティ施設ハンドブック』エイデル研究所、2006 年、pp.394-395。
4) 牧野篤「生活実感に寄り添う社区教育へ——上海市の社区教育を一例に——」松田武雄編著『社会教育福祉の諸相と課題——欧米とアジアの比較研究』大学教育出版、2015 年、p.68。
5) 葉忠海『社区教育学基礎』上海大学出版社、2000 年、p.24。
6) いずれも中国の行政単位である。基本的に区と県が同じ行政レベル、街道と鎮と郷が同じ行政レベル、社区と村が同じ行政レベルである。区、街道、社区は都市部地域を表す行政単位であり、県、鎮、郷、村等は農村地域を表す行政単位である。近年の農村地域の都市化により、行政合併等が行われており、農村地域の単位は次第に区、街道、社区などに改名されてきている。本章では、都市地域と農村地域を問わず、区、街道と社区で統一する。
7) 地域によって市民学校や市民教養学校と称する場合もある。

8) 上海市教育委員会、上海市精神文明建設委員会「関於推進本市社区学院建設的指導意見（社区学院の推進に関する指導意見）」（沪教委終［2007］18号）。
9) 上海市教育委員会、上海市精神文明建設委員會辦公室、上海市民政局「上海市社区学校設置暫行規定」（沪教委職［2001］48号）。
10) 金徳琅『終身教育体系中社区学校実体化建設的研究』上海社会科学院出版社、2007年、pp.100-102。
11) 社区学校の教職員約1.3万人のうち、約85パーセントはボランティア教師が担っている。上海市精神文明建設委員会辦公室、上海東方社区学校服務指導中心、華東師範大学終身教育研究中心「2012：上海社区学校発展報告」2013年6月、p.3。
12) 教職成司［2004］16号「教育部関於推進社区教育工作的若干意見」、2004年。
13) 同上。
14) 教職成司函［2013］35号「社区教育工作者崗位基本要求」、2013年。
15) 管理職員は社区教育施設、街道（郷鎮）やその他の関係部門において社区教育関係業務の管理に携わる者である。専任教員は、社区教育施設において社区教育の教育、指導や調査研究等に携わる教員を指す。ここでいう社区教育施設は、社区教育センターや社区学院、社区学校、市民学校等を含む。
16) 社区教育現場に携わる者には、専任教員のほか、兼任教員やボランティア教員、また社区レベルでの社区教育組織で教育に携わるスタッフや教員もいるが、政策上の社区教育職員には含まれておらず、職員養成に関わる研修等の対象にもならない。したがって、本章で扱う社区教育職員とその養成の実態に関してもこれらの者は含まないこととする。
17) 教職成［2016］4号「教育部等九部門関於進一歩推進社区教育発展的意見」、2016年。九部門はそれぞれ教育部、民政部、科学技術部、財政部、人力資源社会保障部、文化部、体育総局、青年団中央、中国科学技術協会である。
18) 同上。
19) 華東師範大学ホームページ http://www.dedu.ecnu.edu.cn/6368/list.htm、最終閲覧日2017年5月28日。
20) 社区学校の校長職は、街道のトップリーダーとなる者に当たるため、実際に社区学校の業務に責任をもって指導する者は副校長である。したがって、社区教育に関する研修等も校長ではなく、副校長を対象にしている。
21) 上海放送大学、上海教育テレビ局、上海市電化教育館、上海市テレビ中等専門学校等の合併等により設立された通信教育を中心とする成人教育施設である。
22) 英語の正式名称は Shanghai Party Institute of C.C.P & Shanghai Administration Institute である。中国共産党上海市委員会所管の共産党幹部養成のための成人教育施設である。
23) 国家教育委員会「関於高等職業学校設置問題的幾点意見」、1997年。
24) 「徐匯区社区教育専職隊伍"十二五"培訓実施方法（2011-2015年）」による。

第7章
ウズベキスタンにおける社会教育・福祉・地域づくりをつなぐ地域リーダーの現状と課題

はじめに

　ソ連解体により、1991年に独立したウズベキスタンでは、多様な分野で新国家建設の取り組みが行われてきた。教育や福祉分野も例外でなく、特に近年は新たに大きな制度改革が進められつつある。教育改革では、特に学校教育に重点が置かれた大規模な改革が推進されており、独立後は12年制義務教育が採用されていたが、2017年以降、11年制義務教育に大きく変わろうとしている。福祉分野においても、これまで関連省庁や地方行政のレベルでそれぞれ福祉制度が形成されてきたものを、国家レベルおよび地方行政レベルで規制する動きが出ている。

　本章では、ウズベキスタンにおける教育と福祉の制度、政策の現状を踏まえた上で、地域社会で活躍する地域リーダーやコミュニティが社会教育と福祉と地域づくりをいかにつないでいるのか、そこにはどのような課題が存在するのかについて、タシケント市内のAマハッラにおける事例を取り上げ、検討を行う。そして、改革期にある国家の教育や福祉および地域づくりにおいて、地域リーダーがどういった役割を果たしているのか、地域リーダーの役割や取り組みの背景にはどのような性質が存在するのかについて解明したい。

1. ウズベキスタンにおける社会教育、生涯学習、成人教育に関わる法制度、政策の現状

ウズベキスタンにおける教育関連の省は、高等教育省、国民教育省、就学前教育省に分かれている。このうち就学前教育省が最も新しく、2017年に新規に創設されている。ウズベキスタンの教育の根幹となる規定を定めている法律は、1992年12月8日に制定された憲法と、1997年8月29日に制定された共和国法「教育について」（No.464-I）である。憲法では、各人の教育への権利について第41条で「各人は教育への権利を有する。国家は無償普通教育を受けることを保障する。学校教育は国家の監督下に置かれる」と規定している。

さらに第42条では、「全ての人は、学術および技術の創造の自由を保障され、文化の成果を享受する権利を保障される。国家は、社会における文化的、学術的、技術的発展の促進に配慮する」と定めている。また、第64条では「両親は、子どもが成人するまで扶養し養育を行う義務を負う。国家と社会は、両親の保護の受けられない子どもと同様、孤児に対してもその保護と養育を行い、またそれらの子どもに対する慈善事業を促進する」とし、子どもの扶養、養育、保護に関する両親の義務や国家と社会の役割について定めている[1]。

憲法では、民族や出自によらず、すべての国民が教育を受ける権利を有し、学問の自由や文化を享受する権利を保障されると定めている[2]。同様の規定は、共和国法「教育について」では第4条で教育への権利として定められている。一方、社会教育や生涯学習、生涯教育、成人教育といった具体的な教育の領域に関わる文言は共和国法「教育について」ではみられない。これらに関連する条文としては、第3条「教育分野における国の政策の基本原則」、第10条「教育の種類」、第16条「資格向上と再教育」[3]、第17条「校外教育」[4]があるが、いずれにおいても、社会教育や生涯学習、生涯教育、成人教育の文言はない。

第10条の「教育の種類」では、「ウズベキスタン共和国の教育は、次の種類で実施される。就学前教育、中等普通教育、中等専門教育、中等職業教育、

高等教育、高等後教育、資格向上と再教育、校外教育」と規定され、社会教育、生涯学習や成人教育は教育の種類として挙げられていない。関連するものとしては、「資格向上と再教育」「校外教育」が挙げられるが、社会教育、生涯学習や成人教育は法のなかに明文化されていないのである。現在のウズベキスタンにおける共和国法「教育について」においては、社会教育、生涯学習、成人教育の位置づけが明記されておらず、法的基盤が弱いと言わざるを得ない。

　それだけでなく、社会教育法や生涯教育法、生涯学習法や成人教育法といった個々の法令の整備も進んでいない。日本の社会教育法や生涯学習の振興のための施策の推進体制等の整備に関する法律のように、関連の特定の法律が制定されてはおらず、また制定に向けた準備も推進されているとは言い難い。その現況が顕著に表れているのが、2009年にブラジル・ベレンで開催された第6回ユネスコ国際成人教育会議に際して提出されたウズベキスタンのナショナルレポートである。このレポートの冒頭では、ウズベキスタンにおける成人学習および成人教育の関連法が明示されている。しかし、そこでは憲法第41条、共和国法「教育について」、第3条「教育分野における国の政策の基本原則」、同法第4条「教育への権利」、同法第10条「教育の種類」が挙げられているが、成人教育や生涯学習についての直接の条文は示されていない[5]。このような状況から、現在のウズベキスタンにおける生涯学習や成人教育は、法制度の観点からは法的位置づけや法的基盤および法的根拠を欠いた脆弱なものになっている。

　その一方で、2017年2月7日付の大統領の署名により発令された、法令「2017年から2021年におけるウズベキスタン共和国のさらなる発展についての行動戦略について」では、5つの優先分野が掲げられており、「Ⅳ. 社会領域の発展の優先分野」で、「4.4 教育と科学の発展」が示されている。その「4.4 教育と科学の発展」では、「継続教育システム、良質の教育へのアクセスの増加、労働市場の要求と一致した有資格の人員のトレーニングのさらなる向上を目的とした政策の整備」が明記されている[6]。継続教育という文言がみられるが、ここでの意味は生涯教育や生涯学習における生きがいづくりや自己実現というよりも、新国家建設や経済体制の移行、グローバル化に対応する人材育成

といった意味合いが強いと考えられる。

　社会教育、生涯教育、生涯学習、成人教育の法整備はいまだ途上にある一方で、資格向上と再教育については、独立後に整備が進められてきた。現在では、タシケント国立ウズベク語・ウズベク文学大学内に大学教員の再教育センターが設置され、定期的に各大学の教員が集まり、外国人講師の講義を受講するなど、教員の再教育が行われている。また、成人教育に関しては、ドイツ民衆大学連盟 DVV の支援を受けつつ、ウズベキスタン成人教育協会の整備が行われてきた。このように、実践の場では成人教育の取り組みが進められつつあるが、先述の通り、国家の政策における成人教育、社会教育、生涯学習といった観点はほとんどみられず、今後は既に展開されている実践と政策をいかに結びつけるか、が課題となっている。

2. 独立後における福祉の現状と制度、政策

　一方、福祉分野は主に、保健省や労働・社会保障省の所管となっている。関連法は福祉分野で扱う内容に関わり複数制定されており、1991 年 11 月 18 日制定（最近の改正は 2018 年 3 月 1 日）のウズベキスタン共和国法「ウズベキスタン共和国における障がい者の社会保障について」(No.422-XII) や、1993 年 9 月 3 日制定（最近の改正は 2018 年 10 月 16 日）の共和国法「国民の年金の国家の支給について」(No.938-XII) などが代表的なものとして挙げられる。また、1998 年 4 月 30 日制定（最近の改正は 2018 年 9 月 1 日）のウズベキスタン共和国家族法も関連する。

　上記のように、福祉分野におけるそれぞれの法整備や法改正は進められているように思われるが、ソ連期の福祉と比較し、独立後の福祉の低下が顕著となっている点について、ダダバエフはウズベキスタンでの調査結果に基づき、以下のように指摘している。

> 　市場経済への移行は国家と国民の間に新たな関係を強要し、普通の人々の福祉に影響を及ぼす。国家機関は今なお最低限の生活水準を守るために必要な措置を

講じていると主張している。しかしその措置の規模は、ソ連政権支配時代に慣れ親しんだほど大規模でも包括的でもない。その結果、人々の要求は一貫して増大しているにもかかわらず、福祉と収入は、生活水準に対する自己評価とともに、確実に低下しつつあると思われる[7]。

上記のように、独立以降のウズベキスタンでは福祉のレベルは低下し、それは特に年金等において顕著であった点は他の論考でも指摘されている[8]。ソ連期は、軍人や遺族への社会保障、年金制度が充実していたが、独立後のウズベキスタンでは賃金の未払いや社会保険料の納入が滞り、旧ソ連の社会保障制度を維持することが難しくなった[9]。また、福祉の現場で活躍する専門職養成課程や資格制度も十分整備されておらず、今後の課題となっている。

このような福祉の領域において、ウズベキスタン政府は抜本的な改革を推進しようとしている。これまでのウズベキスタンでは、福祉分野は関連省庁がそれぞれの担当でやっていたため、今後は国家的な規制や統括システムをつくろうとしている。規制は国家レベルで行うとともに、地方分権の観点から地方行政にも権限を付与し、福祉行政を実施していく。国民にとっては国も州も同じ窓口としてとらえられており、今後は高齢者や障がい者のニーズをより把握し、支援を行っていく。また、各種NGOとの連携を活用して、福祉分野の規制を行っていくという。

前出の法令「2017年から2021年におけるウズベキスタン共和国のさらなる発展についての行動戦略について」においても、福祉については、「I. 国家と公共建設の制度の改善のための優先分野」の「1.2 ガバナンスシステム改革」で、「地方分権を通した行政機関と行政サービスの改革、スキルの強化、経済の国家規制の段階的縮小を通した公務員の経済的社会的保護」が挙げられ、地方分権を核としたガバナンスシステムの改革が目指されている。さらに、「IV. 社会領域の発展の優先分野」の「4.2 社会保障制度、健康管理、女性の社会・政治的活動の強化の改善」のなかで、一人暮らしの高齢者を含む高齢者や障がい者、女性への支援が企図されている[10]。

国家の法制度整備が途上にあるなか、実際の現場で人々を支えているのが

ボランタリーな活動と地域リーダーである。特に、ウズベキスタンではマハッラ（mahalla）と呼ばれる伝統的地域共同体が地域社会における人々の教育と福祉を担っている。次節ではマハッラに焦点を合わせて、マハッラの概要やマハッラ運営委員会の構成と活動、機能、マハッラを基盤とした教育と福祉の仕組みについて検討する。

3. マハッラおよびマハッラ運営委員会による教育と福祉

（1） マハッラとは何か

マハッラとはアラビア語源の言葉であり、中央アジア地域、特にウズベキスタンでは伝統的な地域共同体として人々の生活に根付いている。旧ソ連期には、マハッラの存在自体が軽視され、またソ連政府のプロパガンダ推進のための役割を付与されていたこともあったが、ソ連期を乗り越え、独立後は再びその存在意義や役割が復興している。

ウズベキスタンでは、歴史的にマハッラが人々の生活のあらゆる基盤となってきた。独立後の現在において、マハッラは政策上かつ人々の実生活において、住民に対するさまざまな社会サービスを実施する中核となっている。政府は2003年を「マハッラの年」と宣言し、「マハッラは私たちの社会的政治的な鏡である」といったさまざまなスローガンを発表し、マハッラの重要性や伝統性、存在意義を訴えるキャンペーンを行っている[11]。1995年以降、政府は住民に対し、マハッラ運営委員会内で毎週配布される「マハッラ新聞」を通して、同委員会の重要性に関する情報や説明、実践例の広報活動を実施している[12]。マハッラ内だけでなく、学校教育においても「祖国意識」や「道徳の基礎」などの科目でマハッラが取り上げられ、子どもたちに学ばれている[13]。子どもの教育におけるマハッラの役割の大きさは政府も認めており、「成熟した世代育成における家族、マハッラ、学校の連携」コンセプトという政令を出し、3者の連携が図られてきた[14]。現在のウズベキスタンには8,190のマハッラが存在するとされる[15]。マハッラの基準としては、500世帯以上の居住が政府の方針により求められている。

1991年の独立後、政府は急速に法整備や制度設計を行い、国家建設を進める必要があったが、他方で住民の生活まで政府の手が届かない点もあった。マハッラはこのような政府の手が届かない部分を補完する役割を期待され、実際に政府や地方行政府を補う機能を有しているといえる。

（2）マハッラおよびマハッラ運営委員会の構成と活動、機能

マハッラの構成については、マハッラはモスクや学校、マハッラ事務所や式場のような共同使用施設などの諸施設によって形成され、住民集会、マハッラ運営委員会、マハッラの代表、自警団、マハッラに住む各家族などの相互関係により構成されている。ライース（rais、議長）と呼ばれるマハッラの代表は住民により選挙で選出され、その給料は政府から支給される。代表は、家庭内不和の解決やマハッラ財政の再建、支援の確保、マハッラ運営など多岐にわたる活動を行い、その具体的活動は各々の代表の経歴や家庭状況によって異なるとされる[16]。マハッラの代表に加えて、各マハッラには行政の末端を担うような活動を行うマハッラ運営委員会が存在し、その下に各種下部委員会が置かれている。下部委員会は「道徳・教育」「女性」「社会保障」「宗教」などに分かれ、各々の担当分野で多様な活動を実施している[17]。このような下部組織を中心に、マハッラでは失業中の女性支援や高齢者支援、障がい者支援、生活困窮家庭支援などが実施されている。

（3）マハッラを基盤とした教育と福祉の仕組み

現在のマハッラでは、多様な社会的弱者支援が展開されている。主に、マハッラ内の高齢者や障がい者、女性への支援活動が行われているが、マハッラの仕組みやネットワークを活用した支援の代表的なものが以下に述べる生活困窮者への支援である。

独立後のウズベキスタンでは、生活困窮者への補助金給付業務が、1994年8月23日に発令された「生活困窮家族の社会保護強化の措置に関する」大統領令により開始された[18]。具体的には、同年10月より生活困窮世帯への補助金給付がマハッラ運営委員会を通して実施されるようになった[19]。マハッラ

運営委員会は同じマハッラの住民から構成されており、住民同士という間柄から住民の現状やニーズをよく把握している。このようなマハッラ運営委員会に補助金受給者の選定についての大幅な自由裁量を与え、住民の実態に即した社会保障を進めることが目指されている。

　この生活困窮者支援の仕組みのベースには、マハッラの人間関係や信頼関係を核としたマハッラの社会ネットワークが活用されている。マハッラ内のネットワークから外れてしまっている住民をいかにカバーするか、同じ住民同士で選定する側と選定される側といったある種の上下関係が生じるリスクをどう回避するのか、といった課題も考えられるが、そのマハッラの現状をまく知らない外部の補助金担当者が選定にあたるのではなく、マハッラの実態をよく知る人物が選定に携わることの意義は大きいといえる。常日頃からマハッラにおいて生活を共にする間柄による補助金受給者の選定プロセスにおいて、新たな地域課題の掘り下げや住民のニーズ把握が行われうるであろうし、選定作業に関わることによって生活困窮家庭が特定されることで、マハッラ運営委員会を中心とした生活困窮家庭への継続的な地域の支援実施に結びつくことが期待できる。一見すれば、マハッラの地域リーダーを中心とした個々の生活困窮家庭支援であるが、それはマハッラ全体の課題の掘り起こしやマハッラ内の相互扶助の強化といった地域づくりの一環となっていることが指摘できる。

　教育分野においても、地域の実情を反映させたような講座や事業が多々見受けられる。マハッラの若い世代に向けてはパソコン講座や若者同士の交流を促す場が設けられている。また、若い女性に対しては、手に職をつけるためのお菓子作りの講座や就業支援、女性の国外流出に歯止めをかける目的の啓発活動などが行われている[20]。さらに、マハッラ内の子どもで問題行動を起こす子どもに対しては、学校、家庭と連携しその解決策を講じたり、マハッラ内のスポーツ施設において青少年向けのスポーツ事業を活性化するなどの取り組みがみられる[21]。これらの講座や事業を中心になって運営するのはマハッラ運営委員会やそのなかの女性委員会などの下部組織である。福祉の領域でも、教育の領域でも、人々を支え、人々と教育、福祉、そしてマハッラをつなぐ役割を果たしているのがライースを中心としたマハッラ運営委員会メンバーといった

地域リーダーなのである。

4. マハッラ運営委員会の活動にみる地域リーダーの役割

ここでは、2018年3月に実施したタシケント市内のAマハッラのライースやスタッフへの聞き取り調査をもとに、マハッラ運営委員会の活動と地域リーダーの役割について検討を行う[22]。

(1) Aマハッラにおけるライースおよびマハッラ運営委員会の活動

調査に訪れたAマハッラはタシケント市内の中心部から車でしばらくいった郊外にあるマハッラである。当該マハッラの住民は2018年3月時点で約5,400名であり、9階建てや5階建てのマンションが10数棟ある。各マンションの長は毎週1回集まり報告や相談を行っている。マハッラ運営委員会の事務

写真7-1　Aマハッラ運営委員会事務所の図書室
（筆者撮影、2018年3月）

所には、内務省より2名の警察が来て常駐している。事務所には、相談の場や会議室、図書室、ライースの執務室など、複数の部屋がある。

このマハッラで特徴的であるのが、事務所の図書室が非常に充実している点である。事務所の一室に棚が複数並べられ、多くの本が所蔵されている。さらに、ボランティアの司書が週2回、10：00～12：00と14：00～16：00の間勤務しており、人々の読書や学習文化活動を支えている。図書も分野ごとに分類され、住民が求める本を探しやすいように工夫がされていた。

また、このマハッラ内には1つの学校[23]と1つの幼稚園があり、学校との連携活動も行っている。例えば、マハッラ運営委員会メンバーは学校の子どもの出席をチェックしたり、PTAや報告会、学校行事に参加している。このようなマハッラと学校の連携はAマハッラのみならず、他の多くのマハッラでもみられることであり、マハッラの教育的役割を学校との連携活動に見いだすことができる。

マハッラ運営委員会のライースやマンションの長も住民によって選出された役職である。これは日本における地区の自治会、町内会などと類似する位置づけであるといえる。また、このような役職についている人々が住民や家庭の日々の相談役となっている。特に、マハッラの代表であるライースは大学を卒業していないといけないといったことや、ライース候補の家族もどのような家族かチェックされたり、地域で人望のある人物でなければならないなど、マハッラによっては、いくつか基準があるようである。

Aマハッラには8つの委員会（部門）があり、何らかの問題が出てくると皆で集まり、問題解決を目指すという。主なメンバーは、マハッラの代表であるライース、顧問であり、業務範囲が広いとされるマスラハチ（maslahatchi）、自警団、文化担当、宗教担当などであり、子育て、学校の子どもの教育への支援を通し、幼稚園、学校、カレッジに貢献している。また、マハッラ運営委員会事務所には秘書や警察もいる。ライースの勤務体制は平日1日8時間で、土日は休みである。基本的には平日のみの勤務となっているが、1日8時間という短くない勤務時間である。一方、警察はマハッラで家を支給されるなどの待遇があり、これは地方でも同様である。家族の心理カウンセラーは4名である。

マスラハチは通常は経験豊富な女性がなり、任期は2年半であるが、選挙で選出されれば何度でもなることができるという。

　マハッラの役割について、Aマハッラのライースは、「マハッラの役割は社会のよい環境をつくること」と述べている。マハッラ内の家族は何か問題があれば、家族の問題をマハッラ内で解決しようとする。マハッラではマハッラ運営委員会が中心となり家庭の支援を行うが、それでも問題が解決しない場合は地区内で不満を持たないように、次の段階で区役所に行くそうである。住民にとっては、区役所や裁判に進む前にマハッラに行き、相談することで率直に自身の意見が言える。また、ライースは自分たち自身で選挙によって選出しているので信頼できるという。

　高齢者の支援に関しては、Aマハッラでは18名の一人暮らしの高齢者のリストを作成しており、運営委員会のコンピューターにそのデータが入っている。ウズベキスタンの憲法では、高齢者は子どもが面倒をみるとされているが、このように一人暮らしの高齢者の場合はマハッラが中心となり支援を行っている。

　加えて、2017年2月3日に発表されたマハッラの発展に関する大統領令では、町や村のマハッラの建物や設備を国の費用で整備することが示された。社会全体の整備につながるため、住民自身が費用を負担するのではなく、国が負担することになっている。マハッラにはさまざまな寄付金も入ってくるが、まずマハッラ基金がチラシを作成し、寄付を行いたい者がマハッラ基金に寄付を行い、その寄付金が各マハッラに配分されている。

　マハッラ運営委員会や8つの委員会に持ち込まれる相談や困り事は多岐にわたる。家族の問題や離婚、喧嘩調停など、家庭内不和に関する相談や日常生活の問題についての相談が最も多いが、それ以外にも道徳や精神に関わる事業、経済的に困っている家族の支援、女性支援、青年のスポーツ支援、ビジネス、家族のビジネス、エコロジーや環境問題、ハシャル（*khashar*、相互扶助）、消費者権利委員会（これには、警察や税金が関わっているという）などの多様な活動を行っている。

（2） マハッラの地域リーダーの役割・性質と専門職の制度形成

　前項で述べたマハッラ運営委員会とさまざまな役職につく人々の活動から、マハッラの地域リーダーが住民と教育、福祉をつなぎ、よりよい地域づくりを進めていることがわかる。マハッラ運営委員会のライースや運営委員会のメンバー、ボランティアの司書などは、住民の困り事や相談の声に耳を傾けながら、住民のニーズや置かれた状況を把握していく。住民は自身が選出した信頼できる地域リーダーたちに日々の生活における問題を相談することで、地域の教育や福祉へとつながっていけるのである。

　この背景には、選挙で選ばれたライースをはじめとした地域リーダーが有する代表性や、行政から付与された職務であり、かつ住民もその職務を受容しているという役割の妥当性といった性質を見いだすことができる。マハッラの地域リーダーは教育や福祉の有資格者でないこともあり、教育、福祉の専門職ではないため、職務の専門性はあまりみられない。しかし、マハッラ住民が地域リーダーの持つ代表性や役割の妥当性を日常生活のなかで認識し、共有し、地域リーダーにさまざまな役割を委任することで、マハッラの地域リーダーが住民と教育、福祉をつなぎ、地域づくりを促進させるという構造が形成されている。

　調査を行ったAマハッラのライースが、出産間近の女性が自宅に家族が誰もいないのでライースに出産が始まる件を伝えた、という住民とマハッラ運営委員会との信頼関係を表すエピソードを語ってくれたが、このようなエピソードが生まれる背景には、マハッラにおける人と人との信頼関係とネットワーク、そして代表性や役割の妥当性に裏打ちされた地域リーダーの取り組みがあるといえる。

　一方で、一部の地域リーダーに地域の困り事の相談が集中するなど、地域リーダーの負担が大きいことや、地域リーダーとの関係性がうまく構築できない住民への対処などの課題も考えられる。国家が教育および福祉の制度改革や整備途上にある段階では、生活の現場で人々を支える役割は必然的に同じ住民となりがちであり、この場合、地域リーダーの住民は行政の役割を補完する存在であるといえる。こういった制度化への過渡期においては、行政と住民の

連携、協力を促進しながらも、個に過重な負担がいかない制度設計が必要である。

おわりに

　本章では、ウズベキスタンにおける教育と福祉の制度、政策の現状を踏まえ、地域社会で活躍する地域リーダーやマハッラが社会教育と福祉と地域づくりをいかにつないでいるのか、そこにはどのような課題が存在するのかについて、タシケント市内のAマハッラの事例を分析し、検討を行った。さらに、改革期にある国家の教育や福祉において、地域リーダーがどういった役割を果たしているのか、地域リーダーの役割や取り組みの背景にはどのような性質が存在するのかについて考察した。

　現在のウズベキスタンでは、教育と福祉の分野双方で大きな制度改革が断行されている。それは、教育分野では義務教育を含む学校教育制度改革といった点で、福祉分野では国家レベルおよび地方行政レベルでの福祉行政・制度の規制の推進といった点で顕著であった。このような国家の制度改革や法整備の過渡期においては、人々の生活世界で行政の役割を補完し、実践を行う役割を担うのは地域リーダーである。

　ウズベキスタンのマハッラでは、マハッラのライースやマハッラ運営委員会メンバーを中心とした地域リーダーがマハッラのネットワークを介し住民の支援を行うことで、教育や福祉、地域づくりをつなぐ実践が行われていた。マハッラの地域リーダーは、マハッラ内の信頼関係に基づき住民支援を行い、地域課題を把握しつつ、よりよい地域づくりを進めようとしていた。このような地域リーダーには、専門職の資格などによる職務の専門性はあまりみられないが、マハッラの住民による選挙によって選出された地域リーダーであるという代表性や、行政から付与された職務であり、かつ住民もその職務を受容しているという役割の妥当性という性質を有していることが明らかとなった。マハッラの地域リーダーが教育と福祉をつなぎ、地域づくりを展開するという構造は、マハッラ住民が地域リーダーの持つ代表性や役割の妥当性を日常生活のな

かで認識し、かつ共有し、地域リーダーにさまざまな役割を委任することで形成されていることが解明された。

　本章で検討した地域リーダーにかかわる議論においては、専門職の資格や養成課程とは異なり、地域リーダーとは何者か、地域リーダーの人物像や資質とはいかなるものか、いかにして地域リーダーとなったのか、といった内容の検討が必要であると思われる。その検討においては、ウズベキスタンを含む中央アジア諸国や諸外国における名望家および名望家支配と地域社会といった観点からの再考が示唆的であると考えられるが、それは今後の課題としたい。

　他方、現行の制度・政策や実践における課題も指摘される。特に、一部の地域リーダーに依存する現体制は地域リーダーへの過重な負担やマハッラ運営委員会の疲弊を招き、住民主体の支援が停滞してしまうリスクも考えられる。今後はマハッラを起点としながらも、地域リーダーに過度に依存しない制度設計が必要であり、また住民個々のエンパワーメントを充実させることで、次世代への地域リーダーの継承を図ることも重要になるといえよう。

　さらに、今後の展望を述べるならば、マハッラの地域リーダーから社会教育、福祉の専門職へ、といった方向性が検討できるのではないか。マハッラの地域リーダーをもとに、地域における社会教育や福祉の専門職を形成し、養成課程や資格制度の整備、関連法の整備へと制度化を図ることができるのではないだろうか。地域におけるボランタリーな力が制度、法律、行政を動かし、地域における教育と福祉をつなぐ可能性が生み出され、また進展していく。ウズベキスタンのマハッラにおける地域リーダーの存在は、このように多様な可能性を秘めていると考えられる。

注

1) Конституция Республики Узбекистан, Принята 8 декабря 1992 года. 和訳は、平成20～22年度科学研究費補助金基盤研究（B）海外学術調査「ポストソ連時代における中央アジア諸国の教育戦略に関する総合的比較研究」（課題番号 20402059、研究代表者 嶺井明子）「平成20年度中間報告書」平成21年（2009年）3月、p.124から引用、参照した。
2) 憲法では、ウズベキスタン共和国の人民は、その国籍にかかわらず、ウズベキスタン市民の構成要員であると規定がある点からも、民族や出自によらず、すべての国民が教育を受け

る権利を有し、学問の自由や文化を享受する権利を保障されることがわかる。
3) 第16条では「資格向上と再教育は、職業的な知識と技能の深化および更新を保障する。資格向上と再教育の手続きは、ウズベキスタン共和国の内閣により制定される」と定められている。Закон Республики Узбекистан «Об образовании», 29 августа 1997 года. №464-I、和訳は嶺井、前掲書、2009年、p.128を引用・参照。
4) 第17条では、「子どもおよび青少年の個別の要求を満たし、余暇と休息を組織するため、国家機関、社会団体およびその他の法人および自然人は、芸術・科学・技術・体育その他の領域に関わる校外教育機関を設置することができる。校外教育機関には、子どもおよび青少年の創作活動の宮殿、会館、クラブおよびセンター、並びに、子どもおよび青少年のスポーツ学校、芸術学校、音楽学校、スタジオ、図書館、療養施設およびその他の施設が含まれる。校外教育機関の設置および活動の手続きは、法令により規定される」と規定している。Закон Республики Узбекистан «Об образовании», 29 августа 1997 года. №464-I、和訳は嶺井、前掲書、2009年、pp.128-129を引用・参照。
5) "The Development and State of the Art of Adult Learning and Education (ALE)", National Report of the Republic of Uzbekistan, 2008, CONFINTEA VI.
6) ウズベキスタン共和国法令「2017年から2021年におけるウズベキスタン共和国のさらなる発展についての行動戦略について」http://www.strategy.gov.uz/uz 最終閲覧2018年12月24日。
7) ティムール・ダダバエフ「第11章ウズベキスタン：ソ連崩壊後の現実（pp.205-232）」猪口孝、ミゲル・バサネズ、田中明彦、ティムール・ダダバエフ編著『アジアを社会科学するシリーズ[1] アジア・バロメーター 都市部の価値観と生活スタイル――アジア世論調査（2003）の分析と資料――』明石書店、2005年、p.215。
8) 大谷順子「ウズベキスタン」萩原康生、松村祥子、宇佐見耕一、後藤玲子編『世界の社会福祉年鑑2007』旬報社、2007年、pp.337-358。
9) 大谷、前掲書、2007年、p.344。
10) 前掲法令ホームページ、http://www.strategy.gov.uz/uz 最終閲覧2018年12月24日。
11) マハッラを重視した政策は現在も継続されており、2018年6月27日に発令された大統領令もその一つである。ЎЗБЕКИСТОН РЕСПУБЛИКАСИ ПРЕЗИДЕНТИНИНГ ҚАРОРИ «ОБОД МАҲАЛЛА» ДАСТУРИНИНГ АСОСИЙ ПАРАМЕТРЛАРИНИ ТАСДИҚЛАШ ВА УЛАРНИНГ ИЖРОСИНИ ТАЪМИНЛАШ МАСАЛАЛАРИ ТЎҒРИСИДА.
12) Elise Massicard & Tommaso Trevisani "The Uzbek Mahalla", *Central Asia: aspects of transition edited by Tom Everett-Heath*, 2003, London, p.206.
13) 拙稿「ウズベキスタンの学校における地域共同体（マハッラ）の教育――政府のマハッラ政策との関連で――」『比較教育学研究』第35号、2007年、p.173。
14) Ўзбекистон Республикаси Халк Таьлими Вазирлиги., Йўлдошев Ҳ.Қ., Баркамол

Авлодни Тарбиялашда Оила, Маҳалла, Мактаб Ҳамкорлиги Концепцияси, 2004.
15) Fund "Mahalla", Informatsiya o kolichestve skhoda grazhdan, makhalli i domov po Respublike Uzbekistan, January 23, 2015.
16) ティムール・ダダバエフ『マハッラの実像——中央アジア社会の伝統と変容』東京大学出版会、2006年、p.125、232、242。
17) ダダバエフ、前掲書、2006年、p.125。タシケント市内のあるマハッラ女性委員会顧問（当時）2名（2006年4月15日実施）、同マハッラ代表（当時）（2006年4月26日実施）への聞き取り調査による。
18) Asian Development Bank, "Republic of Uzbekistan: Updating and Improving the Social Protection Index", *Technical Assistance Consultant's Report*, 2012, p.11.
19) 樋渡雅人『慣習経済と市場・開発——ウズベキスタンの共同体にみる機能と構造』東京大学出版会、2008年、pp.80-82。
20) 拙稿「第7章 ウズベキスタンにおける社会教育と社会福祉」松田武雄編著『社会教育福祉の諸相と課題——欧米とアジアの比較研究——』大学教育出版、2015年、pp.117-132。
21) 拙著『「教育」する共同体——ウズベキスタンにおける国民形成と地域社会教育』九州大学出版会、2010年、pp.62-63、pp.67-68。
22) タシケント市内のAマハッラにおける聞き取り調査（2018年3月10日実施）による。
23) ウズベキスタンの学校教育制度は近年大きく変わろうとしている。独立後から2017年頃までは、初等教育4年、前期中等教育5年、後期中等教育3年の計12年間の義務教育制度が敷かれていたが、2017年以降、特に後期中等教育段階を改革し、初等・中等教育一貫の計11年制義務教育制度に大きく転換しようとしており、2018年は2つの義務教育制度が併存する過渡期にある。政府は2019年9月からの完全11年制移行を目指している。Aマハッラにある学校とは、ここでは初等・中等教育一貫の11年制の学校を指す。

第 8 章
カナダにおける難民支援とスタッフの養成
— 難民研究センター・サマーコースの分析をもとに —

はじめに

　米国では 2017 年 1 月にドナルド・トランプ政権に移行後、その難民・移民政策は厳しさを増している。例えば 2017 年 1 月 27 日には、難民の受け入れと移民政策に関する大統領令に署名し、難民受け入れプログラムを少なくとも 120 日間停止し、シリア難民については受け入れを無期限に停止することを発表した。同大統領令では、さらに少なくとも 90 日間はイラン、イラク、リビア、ソマリア、スーダン、イエメンの国民が米国へ入国することを禁じている。この大統領令は同年 3 月には修正され、入国禁止の対象国からイラクが除かれ 6 か国となったものの、難民受け入れ政策の厳しさに変わりはない[1]。

　他方カナダでは、2017 年 1 月 28 日、トランプ政権の大統領令発令のニュースを受ける形で、トルドー首相が「迫害、テロ、そして戦争から逃れようとしている人びとへ、カナダ人は皆さんの信仰を問わず、皆さんを歓迎します。多様性は私たちの力です。# カナダへようこそ」と英語とフランス語の 2 か国語でツイートするなど、積極的な難民受け入れ政策を表明している[2]。

　カナダには多くの難民問題研究機関が存在するが、トロントのヨーク大学付属の難民研究センター（Centre for Refugee Studies、以下 CRS）は、イギリスのオックスフォード大学の難民研究センター（Refugee Studies Centre）に次ぐ歴史を有し、難民の受け入れ、支援、教育に関する研究機関として、研究者と実践家をつなぐ重要な拠点となっている。筆者は、2018 年 5 月に開催

された CRS のサマーコースに参加し、その実際と研究者と実践家とのネットワークについて参与観察を行った。本章ではそれに基づき、カナダにおける難民支援と教育、スタッフの資質の向上について、CRS の取り組みに焦点をあてて論じていく。

1. 世界の難民問題とカナダ

難民をめぐる問題が国際社会の注目を集めるようになったのは第一次世界大戦以後のことである。「難民 (refugees)」とは、1951 年の国連全権会議（ジュネーブ）で採択された「難民の地位に関する条約」の定義によれば、「人種、宗教、国籍、政治的意見やまたは特定の社会集団に属するなどの理由で、自国にいると迫害を受けるかあるいは迫害を受ける恐れがあるために他国に逃れた」人びとであり、1950 年には難民問題に対処する初めての国際機関として、UNHCR（国連難民高等弁務官事務所）が設置された。その後難民問題は大規模かつ広範な地域で発生しており、1967 年の「難民の地位に関する議定書」では、前述の「難民の地位に関する条約」が 1951 年 1 月 1 日前に生じた事件の結果として難民となった者にのみ適用され、条約が採択された後新たな事態により難民が生じたこと及びこれらの難民が条約の適用を受けることができないことを考慮し、難民の範囲を 1951 年 1 月 1 日以降にまで拡大した[3]。今日では、「難民の地位に関する条約」と「難民の地位に関する議定書」をあわせて、難民条約と呼んでいる。UNHCR の取り組みにもかかわらず、難民問題は解決するばかりかいっそう広範かつ複雑化し、1990 年代の地域紛争により発生した、クルド難民、ルワンダ難民、コソヴォ難民、東ティモール難民等の問題により、国際社会の取り組みの必要性が強く認識されるようになった[4]。

ここで、難民の現状について、UNHCR のデータをもとに確認しておこう。図 8-1 は、2017 年末時点の世界の難民、難民申請をしている人、国内避難民の数を表している。これによれば、難民の人数は 2,450 万人、国内で避難を余儀なくされている人の数は 4,000 万人、難民認定を申請中の人の数は 300 万人

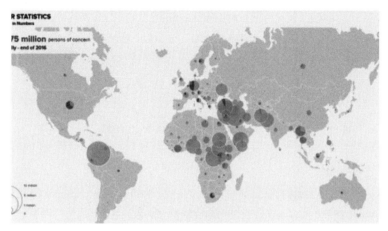

図 8-1　世界の難民の現状
出所：http://popstats.unhcr.org/en/overview#_ga, 2018.8.26

表 8-1　難民の第三国定住受け入れ上位 5 か国と実際の定住者数

	2014 年	2015 年	2016 年	2017 年
1	米国 48,911	米国 52,583	米国 78,761	米国 24,559
2	カナダ 7,233	カナダ 10,236	カナダ 21,865	カナダ 8,912
3	オーストラリア 6,162	オーストラリア 5,211	オーストラリア 7,502	英国 6,202
4		ノルウェイ 2,220	英国 5,074	オーストラリア 4,027
5		英国 1,768	フランス 1,328	スウェーデン 3,346

出所：UNHCR Resettlement Fact Sheet をもとに、藤村が作成
（http://www.unhcr.org/resettlement.html, 2019 年 2 月 1 日）

である。また、それらの難民の出身国上位 3 か国は、シリア（609 万人）、アフガニスタン（260 万人）、南スーダン（230 万人）であり、難民受け入れの上位 5 か国は、トルコ（350 万人）、ウガンダ（140 万人）、パキスタン（140 万人）、レバノン（100 万人）、イラン（97 万 9,400 人）である。さらに、難

民の第三国定住先（Country of Resettlement）[5]の上位3か国は、2017年のデータは、米国、カナダ、英国の順となっている。なお米国は、第三国定住先として常に1位ではあるが、表8-1からわかるように2017年の受け入れ数はそれまでに比べて減少傾向にあることが明らかである。

2．ヨーク大学難民研究センターの概要と活動

(1) 概　要

ヨーク大学難民研究センター（Centre for Refugee Studies、以下 CRS）は1988年創設のヨーク大学付属の研究機関である。その前身は、インドシナ難民である「ボート・ピープル」の支援のために1981年に創設された難民情報管理センターである。創設当初は、同様の難民研究機関としてはオックスフォード大学難民研究センターに次いで2番目であったが、現在では同様の研究機関が世界中に創設されるようになり、ヨーク大学難民研究センターはそれらのうち15の機関とリンクを張っている。

CRS の目的は、「革新的研究、教育、政策によって、暴力、迫害、人権侵害、環境破壊によって追放された難民などの生活の向上を目指す」[6]ことであり、1988年に活動を開始して以来、同センターは地域、国内および世界の難民問題に関する新しい知見を創造する国際的なリーダーとして認められるようになった。

(2) 教育プログラム

CRS の教育プログラムには、学部、大学院プログラム、サマーコースがある。プログラムの概要は以下の通りである[7]。

1）学部修了証書（Certificate）プログラム

学部生対象に、学生の所属に応じて、必要な単位を修得した者に、文学士（B.A.）、教育学士（B.Ed.）、環境学士（B. E. S）、理学士（B. Sc）に加え、難民強制移民研究の修了証書（Certificate）が提供される。

２）大学院修了証書（Diploma）プログラム

ヨーク大学の大学院生を対象に、CRSと共同で、大学院学位に加え、難民強制移民研究の修了証書（Diploma）が提供される。修了証書の取得者は、カナダや国際社会における公共の人道支援政策の分野での活躍が期待される。

３）サマーコース

カナダは難民の研究、政策、再定住の点で、世界の指導者的位置にある。サマーコースでは、難民や強制移民の研究に関して、相互作用的で経験主義的なアプローチを取る。これは1992年に難民支援の最前線にいるスタッフの教育支援から始まったものであり[8]、多くの実務家や研究者、政策立案者を交えたプログラムである。毎年5月初旬に開催されるサマーコースには、南北アメリカ大陸、ヨーロッパ、アフリカ、中東、アジアから多くの研究者が参加する。修了者には難民研究センターサマーコース修了証書が提供される。

（3）プロジェクト

CRSには現在12のプロジェクトがあるが、センターではプロジェクトを次の7つの群に分け、向こう5年間の主な活動予定を説明している[9]。

１）難民教育

向こう4年間、CRSはカナダ外交通商開発省（Department of Foreign Affairs, Trade and Development）の補助を受け、「国境なき難民プロジェクト（Borderless Higher Education for Refugees Project）」を遂行する[10]。

２）国境なき研究者：南北のパートナーシップ

2014年のパートナーシップ開発基金の提供を受けて、難民問題の専門家のネットワークを構築し、強制移住の3分野――方法論、学習における不平等、教育学――の分野横断的研究を促進する。この新しい協力関係は、強制移住研究に学際的アプローチや戦略を提供するものである。

３）人道主義的対応のためのビッグデータの役割

2015年のパートナーシップ開発基金の提供を受けて、ビッグデータを用いて社会科学とコンピュータ科学の共同を促進する。CRSはこれまで2年にわたり、アメリカのジョージタウンの研究チームと共同研究を行い、EOSとい

う大きなデータベースを開発した。

4) 都市部の難民支援

今日 UNHCR が支援する難民の半数以上が都市部に居住しており、さらに暴力や戦争、災害の結果、難民登録をしないまま都市部に避難している人びとが隠れた生活を余儀なくされている。都市部の難民は、搾取や人身売買、拘留、抑留の危険にさらされている。CRS は Care Canada[11] におけるインターンシップに学生を派遣している。

5) 国内と国外における難民の再定住 ― 再定住外交

CRS は、カナダやその他のホスト国に再定住した難民について調査・研究を行っている。CRS はこのような研究に加え、グローバルな視点から、難民の再定住について地域社会における定住とカナダ国内の政策や、国際協力との関係のあり方を模索している。

6) 公正な移動

公正な移動とは、裁判やそれ以外の手段による暴力や人権侵害に抗する道筋である。危機的状況や人権侵害が解決された後、難民が本国に帰国できるようになるまでには、ある任務や調停、補償などの状況が必要となる。CRS はこの分野にきわだった専門性を有している。

7) カナダの難民アーカイブの構築

CRS は 2013 年には創立 25 周年を迎え、またインドシナ難民をカナダに受け入れてから 30 年の節目を迎えた。CRS はカナダ移民史学会と連携し、カナダに渡った移民の声の証言の記録を保管し、定期的に会議を開催している。

3. CRS サマーコース

(1) サマーコースの経緯

1992 年に、当時の難民問題教会連絡委員会（Inter-Church Committee for Refugees, ICCR）のコーディネーターのトム・クラーク（Tom Clark）が、CRS に難民・移民問題に関するサマーコースの開設を持ちかけたことに端を発する。これを受けて、1992 年春、第 1 回のサマーコースが開設される。当

時の参加者は、行政関係者、市民社会 NGO、研究者、UNHCR の関係者等、50 ～ 60 名で、UNHCR の協力により、国外からの参加者も加わったという。開設の趣旨に関する藤村のメールでの問いに、クラークは次のように回答をよせている。

> サマーコースを開設したいと思ったのは、難民支援に関わるすべてのセクター、つまり、政府、市民社会 NGO、研究者、UNHCR に参加してもらいたかったからです。そして、当初からあらゆるセクターの参加が実現しました。私たちには、政府、NGO、研究者、UNHCR の職員に知り合いがいました。さらに、海外にも参加を呼び掛け、UNHCR にも現場の人びとを派遣してほしいと依頼しました。当時は、UNHCR が民間の NGO との連携を模索していた時期でもあり、サマーコースは UNHCR のカナダでの事業という位置づけにあったのです。ただし、財政的には難しい点もありました。我々は独立採算で実行しなければならなかったからです。UNHCR は、当初予算の足りない部分を少しだけ補助してくれました（トム・クラーク氏談、2018 年 8 月 9 日）。

（2） 2018 CRS Summer Course on Refugees and Forced Migration（難民と強制移動に関するサマーコース）の記録

1） 概　要

2018 年度のサマーコースは、2018 年 5 月 7 ～ 11 日、例年通りトロント市郊外のノースヨークにあるヨーク大学のキャンパスを会場に開催される予定であったが、諸般の事情によりトロントのダウンタウンにあるクエーカー・フレンズ・ハウスに会場を変更して開催された。その趣旨は、強制移動の分野の研究者や第一線の活動家を対象とした国際的なノン・クレジットのコースで、研究者、学生、活動家、支援者、政策立案者が情報や意見の交換を行う拠点となることを目指している。参加者の総数は 54 名で、その内訳は、大学関係者（研究者及び学生）26 名、サマーコースのインターン（大学院生）5 名、NPO・FBO[12]・財団等の関係者 20 名、外国政府関係者 1 名であった。なお 5 日間のコースのトピックは表 8-2 に示す通りである。

表8-2 2018年度サマーコースのトピック一覧

難民研究の法的アプローチ	UNHCR、会議と難民に関する国際機構
人権主義 ― 現場からの報告	長期化する難民の状況
長期化する国外での避難生活と教育	難民申請と難民認定のシステム
性的マイノリティの主張	難民の医療・健康の社会的決定要因
難民受け入れにおける民族による排除	難民の（第三国）再定住政策
難民研究における倫理的指針	

出所：https://crs.yorku.ca/summer/, 2018.1.31

2） サマーコースの講義録

サマーコースの5日間の講義録と主要な議論は、次のようであった。

＊1日目：難民問題の法的枠組みと地中海を越える難民たちをめぐって

① Introduction to Legal Frameworks（法的枠組み入門）

ここでは、"Refugee (s)"の定義について、難民条約の定義に加え、それでは網羅できない人びとを国際人権法の枠組みで広く難民として定義することについて説明があった。たとえば、1969年のアフリカ連合会議では社会情勢の不安定化により、アフリカで増加する避難民についても難民として理解することとなったことや、難民条約の定義がある社会的集団にしか適応されないことの不十分さについて指摘があり、難民問題を集団としてではなく、個人の人権の侵害の問題として考える必要性について、言及があった。

さらに、カナダの移民史について概観した後に、カナダにおける難民認定の法的プロセスについて、次の5段階に分けて説明があった。すなわち、

1. 国境または移民局でPIF（個人情報記録）を提示し、どのような理由で生命が危険にさらされているかを示す。
2. 移民難民委員会での面接を経て、この面接に合格すれば、永住者の地位を得ることができる。
3. 面接で失格となった場合、RAD（Refugee Appeal Division、難民控訴部）に控訴することができる。

4. RADで失格となった場合は、連邦裁判所に上告することができる。
5. それでも失格となった場合は、国外追放となる。

② Understanding the Politics of the Global Refugee Regime（世界の対難民政治についての理解）

この講義では、UNHCRの歴史を概観するとともに、UNHCRは恒久的な機構であるか否かについて、2つの異なる見解（立場）が紹介された。すなわち、UNHCRは、国連の下部組織で、その前身はUNRAA（UN Relief and Rehabilitation Administration、連合国救済復興機関、1943-1947）とIRO

表8-3　2018年度サマーコース　1日目のプログラム

Day 1	Monday, May 7, 2018
Welcome Remarks and Land Acknowledgment Jeniffer Hyndman **Quaker Friends House: a brief welcome and history** Eusebio Garcia, Quaker Committee for Refugees **Program Overview & Introductions** Johanna Reynolds, Centre for Refugee Studies ― Break ― **Introduction to Legal Frameworks** （①） Vasanthi Venkatesh, Assistant Professor in Law, Land and Local Eco-nomies, Faculty of Law, Windsor University ― Lunch ― **Understanding the Politics of the Global Refugee Regime** （②） James Milner, Associate Professor, Department of Political Science, Carleton University ― Break ― ［Sign up for site visit; Sign up for presentations］ **Understanding the Dynamics of Migration Across the Mediterranean in 2015** （③） Heaven Crawley, Research Professor, Centre for Trust, Peace and Social Relations, Coventry University ― Break ― **A World of a Thousand Colours** （④） Paola Gomez, Sick muse Art Projects Opening reception; book sale TBD（cash and credit card only）	

(International Refugee Organization、国際難民機関、1946-1952）であるが、米国の見解では、その活動の範囲は限られており時限的であるとされている。それに対して、UNHCR は恒久的な組織でありその活動の目的も多様であるとする見解もある。講義では、UNHCR の財源が盤石でないことからも、それは恒久的な組織というよりも、今後市民社会や FBO などのさまざまなアクターが難民問題にますます参画する可能性が大きくなるとの結論に至った。

③ Understanding the Dynamics of Migration Across the Mediterranean in 2015 （2015 年の地中海を渡った移民たちの力学についての理解）

ここでは、2015 年の欧州難民危機についての検証と討議が展開された。2015 年、地中海を渡って EU に入国しようとする難民や移民の数が 100 万人以上を越え、EU 諸国に社会的、政治的混乱を招いた。欧州側ではこの移動する人びとを難民とは理解せず、経済的な理由から移動する人びとと理解する傾向にあり、そのため彼らの入国を制限する動きが顕在化したことは記憶に新しい。このような EU 諸国の見解に対し、講義では、MEDMIG（Mediterranean Migration Research Programme、地中海移民研究プログラム）の活動と研究について紹介があり、その研究の成果から、「なぜ人びとは移住という選択を行ったのかについて、経済的理由以外の理由（シリアの社会的、政治的混乱やリビアにおける奴隷貿易の存在など）が明らかにされた。この問題は、論争的なテーマであり、受講者それぞれに深刻な問題を投げかけることとなった。

④ A World of a Thousand Colours （1,000 の色から成る世界）

コロンビアで生まれ、難民キャンプを経て、ニューヨークに移住し、その後アメリカから国境を超え、カナダのトロントに移住したナタリー・ハイド（Natalie Hyde）氏が、自らの難民体験について、さらに現在活動中の難民の子どもたちを対象とした絵画のワークショックについて、語った。アートを通し、子どもたちの多様性を受け入れた自由な表現活動を支援している姿に、大きな反響があった（図 8-2）。

図 8-2　ナタリー・ハイドさんと著書
（2018 年 5 月 7 日、筆者撮影）

表 8-4　2018 年度サマーコース　2 日目のプログラム

Day 2	Tuesday, May 8, 2018
Humanitarianism and Global Health 　James Orbinski, Former President of MSF（Doctors Without Borders）, & Director of Dahdaleh Institute for Global Health, York University ― Break ― **Protracted Refugee Situations: Right to life, but right to live?** 　Jennifer Hyndman, Director, Centre for Refugee Studies & Professor of Social Science and Geography, York University ― Lunch ― **Children of the Camp: Growing up in Kakuma, Kenya**　（⑤） 　Catherine-Lune Grayson, Policy Advisor, International Committee of the Red Cross ― Break ― **Power and Partnerships: Ethics in Research**　（⑥） 　Christina Clark-Kazak, Associate Professor, School of Public and International Affairs, Universite d'Ottawa Social at Duke of York, 2nd floor, 'conservatory' room（optional）	

＊2日目：難民をめぐる環境と医療・衛生

⑤　ケニヤのカクマ難民キャンプの子どもたちの現状

　カクマ難民キャンプには、紛争や飢餓から逃れた多くの子どもたちが居住し、そこで学んでいる。そこで生まれ育った多くの子どもたちは、難民キャンプ以外の場を知らない。彼らにとって難民キャンプは、緊急の避難の場というよりも日常の生活の場となっている。多くの難民は、難民キャンプを離れ、第三国への再定住を望むが、それを実現することはむずかしい。この講義では、キャサリン・グレイソン講師のカクマ難民キャンプでの参与観察をもとに、難民の直面する現実についての話が語られた。続いて、⑥において、難民に関する研究を公開する際の、研究倫理について、カナダの倫理ガイドラインを例にあげ、個人情報に留意する必要性が強調された。

＊3日目：各地の多様な難民をめぐる状況

表8-5　2018年度サマーコース　3日目のプログラム

Day 3	Wednesday, May 9. 2018
"Yes, You're at Risk If We Deport You, But No You're Not a Refugee": Israel's adoxical Treatment of African Asylum Seekers　（⑦）	
Dawit Demoz, Co-founder of Canadians Helping Asylum-seekers in Israel & York University	
― Break ―	
Refugee Protection: Key Concepts and Canada's Programs	
Andre Baril, Senior Director, Refugee Affairs Branch, Immigration, Refugees and Citizenship Canada（IRCC）	
― Lunch ―（group photo）	
Refugee Status Determination and the Limits of Memory	
Hilary Evans Cameron, Adjunct Professor & Postdoctral Fellow, Osgoode Hall LawSchool, York University	
― Break ―	
Sexual Minority Refugee Claims in Canada: Context and Challenges　（⑧）	
Sean Rehaag, Associate Professor, Osgoode Hall Law School, York University	

⑦　イスラエルの厳しい難民政策

　アフリカ系の難民でイスラエルからカナダに移住したダウィット・デモズ氏が、自らの体験をもとに、アフリカ系の移民に厳しい政策を取るイスラエルの現状について語った。厳しい被差別体験を有するユダヤ系の人びとがアフリカ系の人びとに差別的であるという矛盾をはらむ現状をなまなましく語るデモズ氏に対し、受講生からは共感の声が多かった。

　その後、筆者がデモズ氏に確認したところ、イスラエルはアフリカ系の人びとを難民とはみなさず、あくまでも経済的理由による移民として排除する傾向があること、その排除の論理は宗教的差異によるものではなく、あくまでも白人対黒人の図式であることが確認された。被差別体験のある者が立場が変われば差別の当事者になるという皮肉は、心苦しいが現実である。

⑧　性的マイノリティが難民となることについて ― カナダの場合 ―

　改めて難民の定義を参照すると、難民とは「人種、宗教、国籍、政治的意見やまたは特定の社会集団に属するなどの理由で、自国にいると迫害を受けるかあるいは迫害を受ける恐れがあるために他国に逃れた」人びとである。ここで、「特定の社会集団に属する」という言葉に注目すると、一部のイスラム圏ではLGBTのような性的マイノリティが生命の危険にさらされていることは事実である。このような状況下でカナダでは、飢餓や紛争による難民のみならず性的マイノリティの難民も積極的に受け入れている。講義では、カナダで難民申請をする性的マイノリティが、彼らの性的状況と自国での迫害の危険をどのように関連付ければ難民として認定されるかを、具体的な事例をあげながら討議が続けられた。

　結論として、難民申請者が、a. 性的マイノリティであること、b. そのことが明らか（目にみえる）で、それゆえに自国にいると生命の危険があること、が証明できれば、性的マイノリティの難民としてカナダでの受け入れが可能となることが確認された。講義は、難民＝紛争や飢餓という図式からはなれた斬新なものであった。

＊4日目：参加者のプレゼンテーション、難民をめぐる国際的枠組みの改革

表8-6　2018年度サマーコース　4日目のプログラム

Day 4	Thursday, May 10, 2018

Social Determinants of Refugee Health
　Michaela Hynie, Associate Professor, Department of Psychology, York University
— Break —
Participant Presentation　[sigh up ahead of time is required]
— Lunch —
Spanish Border Collaboration as Best Practice for the EU: What can go wrong?
　David Moffette, Assistant Professor, Faculty of Social Sciences, Criminology, Universite d'Ottawa
— Break —
Reforming the International Refugee Regime: The Global Compact on Refugees and Beyond (⑨)
　Alex Aleinikoff, Director of the Zolberg Institute on Migration and Mobility, NYC

⑨　難民をめぐる国際的枠組みの改革 — 難民に関する世界的合意と今後
　この講義では、参加者からの意見を交え、今日の難民をめぐる国際的枠組みのどこを改革するべきか話し合った。参加者から、次のような点を改革すべきであるとの意見がでた。

・財政
・難民の権利の保障（特に米国の状況に鑑みて）
・国際間の責任の分担
・難民の概念の拡大（例えば気候変動との関係など）
・難民による参加
・国家以外の利害関係者の役割
・難民をめぐる言説の変化
・難民の人権

その上で講師のアレックス・アレインニコフ氏から、2016年9月に締結された"New York Declaration for Refugees and Migrants（難民及び移民に関するニューヨーク宣言）"について、条文を示しながら解説があった。この宣言は、2016年9月19日にニューヨークの国連本部で開催された「難民及び移民に関するサミット」において全会一致で採択された宣言であり、同宣言には、難民を多く受け入れている国を国際社会がさまざまな形で支援し負担を公平に分かち合うことや、難民の子どもたちが避難先で速やかに教育を受けられるよう環境を整えることなどの内容が盛り込まれたものである[13]。アレインニコフ氏は、「この宣言は難民問題に関して国際社会が責任を分担するという難民支援の条件整備において画期的な宣言である」と締めくくった。

＊5日目　関連施設の見学、映画鑑賞とパネル討論

表8-7　2018年度サマーコース　5日目のプログラム

Day 4	Friday, May 11, 2018
Site visit, various locations downtown ［sign up on Monday, May 7th］　⑩	
― Lunch ―	
Special screening, *Les Sauteurs* & panel discussion with Idil Atak (Ryerson), Pablo Idahosa (York) and Christophe Kyriakindes（York）　⑪	
TIFF Lightbox, Toronto International Film Festival, Cinema4	
Closing: cerftificates, evaluation forms	
Optional social	

　5日目の午前は、5つのグループに分かれて、トロント市内の難民支援施設の見学と担当スタッフとの対話が行われた。筆者は、トロント市のダウンタウンにある難民シェルター兼学習センターであるサジャーン・ハウス（Sojourn House）のグループを選んだ。
　⑩　サジャーン・ハウス
　当日、サジャーン・ハウスを見学した者は筆者を含めて9名で、その出身国と略歴は次の通りであった（順不同）。

1. インド出身の男性医師、難民の医療・健康に関心がある。
2. カナダ、オンタリオ州出身の女子学生、医療・衛生問題に関心がある。
3. 英国出身の女性、カナダの子どもの福祉関係の政府機関で働いている。
4. ドイツ出身の女子学生、現在オーストリアの大学で批判的難民研究を専攻している。
5. カナダ、オンタリオ州出身の女子学生。
6. 米国、ウィスコンシン州出身の女子学生。難民教育、とりわけ女子高等教育に関心がある。
7. 日本出身の大学教員（筆者）。
8. ヨーク大学在籍の女子学生（インターン）。アジアの難民問題に関心がある。
9. ブラジル出身の男子学生。ブラジルにおけるシリア難民の再定住に関心がある。

私たちに当日、サジャーン・ハウスの説明と施設の案内をしてくださったのは、ハウスの事務局長のデビー・ヒル・コリガン（Debbie Hill-Corrigan）氏。彼女は約20年、サジャーン・ハウスに関わっているという。以下、コリガン氏の説明をもとに、その歴史と現在行っている社会事業について述べていこう。

〈サジャーン・ハウスの歴史〉

始まりは、教会（トロントのメトロポリタン・ユナイテッド教会）のグループによる慈善活動で、1987年の活動の開始から30年余りの歴史を有する社会事業組織である。同ハウスのウェブサイトには、その始まりについて次のように記されている。

> 1987年、トロントに拠点を持つコミュニティ集団が、カナダにやってきた難民に対する緊急の支援体制が不十分であることに強い懸念をいだいたことが活動の始まりである。不幸な人びとを助けたいという気持ちから、この集団は難民にたいするアウトリーチ活動を開始し、難民申請者の基本的要求を分析し、彼らを支援するための刷新的解決策を開発する。そして、子ども、若者、女性、男性のすべてがシェルター（住まい）を必要としていることを発見する[14]。

このように、サジャーン・ハウスの第一の活動目的は、難民のための住まいの確保である。1989年にはトロントのダウンタウン（ボンド通り）の古い建物を改修し、25名の難民の住む場所を提供するに至る。さらに2000年には現在の場所（オンタリオ通り）に広い土地を確保するに至る。なおサジャーン・ハウスの運営資金は、キリスト教教会会議、都市住宅委員会、各種財団、個人の寄付金などから成る。

〈サジャーン・ハウスの活動〉

サジャーン・ハウスは、その歴史からもわかるように、シェルター・プログラム（住む場所の提供）から始まったが、その後、シェルターに居住する難民が社会に適応できるように、さまざまなプログラムが派生して、事業が拡大してきた。ここでは、主要なプログラムであるシェルター・プログラム、過渡的住宅プログラム（Transitional Housing Program, THP）、生活のための技能獲得プログラムについて、コリガン氏の説明とサジャーン・ハウスの紹介冊子 *Sojourn House: Celebrating 30 years of Welcoming Refugees* 等をもとにその概要を紹介しよう。

ア）シェルター・プログラム

難民または難民申請中の人に対する、短期の緊急シェルターで、眠る場所と1日3回の食事及びスナックを提供。18室58のベッドが用意されている。対象は、カナダに難民申請をしている到着したばかりの若者（離婚者）、独身の男女、家族である。シェルター・プログラムでは、食事以外に次のようなサービスを受けることができる[15]。

・シェルターに入る前のカウンセリング
・難民申請プロセスや入国プロセスのあらゆる場面でのサポート
・住居取得のための支援
・ESL（第二言語としての英語）コース、医療サービス、コミュニティ支援の紹介
・法的サービスを伴う裁判事件の調整
・24時間対応の支援カウンセリング

・シェルターを出た後の追跡サポート

なお、コリガン氏によれば、シェルター・プログラムの利用者は男性の方が多いが、性的暴力の被害者である女性や、アフリカの地域から LGBT のために生命の危険に直面している人など多様な背景を持つ。説明の後、シェルター・プログラムの利用者のための洗濯室やテレビ室、食堂を見学することができた（図 8-3 参照）。

図 8-3　サジャーン・ハウス内の洗濯室、テレビ室、食堂
（2018 年 5 月 11 日、筆者撮影）

イ）過渡的住宅プログラム（THP）

シェルターを出て住居を探す難民のためのプログラムで、トラウマを抱えるため通常の生活に容易に移行できない人のために、2 年間、住まいの提供に加え、医療や法律に関するサービス、教育や雇用に関する情報、その他カナダにおける生活に必要な情報の提供も行う。さらに子どものためのレクリエーションや学齢期の子どものための宿題のサポート、ESL（第二言語としての英語）

を学ぶ人への学習支援なども行っている。THP では、家具付きアパート 52 室（うち独身者用 24 室、ダブルルーム 12 室、3 ～ 5 名の家族用 16 室）の準備があるが、常に満室で、多くの難民が空き室を待っている状況である[16]。

ウ）生活のための技能獲得プログラム

16 ～ 24 歳の、家族の支援がなくカナダに入国した難民の若者を支援するプログラム。ユース・ソーシャル・ワーカー 1 名とユース・ワーカー 1 名により、若者を対象とした活動やワークショップが提供される。2016 年度の報告書によれば、年間 104 のプログラム（料理、お金の切り盛り、教育、心の健康、パブリック・スピーキングなど）が提供され、学習者はプログラムの内容を学ぶだけでなく、共同学習を通して友人をつくることにより、定住のための付帯的な効果を獲得している[17]。

・見学を終えての参加者の反応

参加者それぞれにとって、自国における難民支援と比較しながらの見学であった。ドイツ出身で、現在オーストリアの大学に在籍する学生から、「難民支援をすることで、自国の人からいやがらせや暴力を受ける危険は無いのか」という質問があったのが印象的であった。それに対するコリガン氏の回答は、「少なくともカナダでは自分たちはそのような経験はしたことが無い」ということであった。

⑪ 映画 *Les Sauteurs*（*Those Who Jump*）の鑑賞とパネル討論

施設見学の後は、各グループがトロントのダウンタウンにある映画館 TIFF に参集し、映画 *Les Sauteurs* を鑑賞した。この映画は、2016 年ベルリン国際フィルムフェスティバル参加作品で、アフリカ系移民のディレクター（Abou Baker Sidibe）も加わったドキュメンタリー映画であり、2015 年の欧州難民危機を難民の側から描いた作品である。

場所は、モロッコのグルグ山。そこから地中海を見下ろすと、対岸にスペインの都市メリリャが見える。しかし、メリリャの沿岸には高いフェンスが張り巡らされ、移民の流入を阻止している。カメラは、約 1 年間、モロッコから地中海をわたりスペインへの移住をくわだてるアフリカ系の人びとのグループを追う。ディレクターのひとりであるアブ自らがホーム・ビデオで、モロッコの

図 8-4　*Les Sauteurs* の一場面（スペインの都市メリリャの沿岸にあるフェンス）

　グルグ山に登って、密航のチャンスをうかがい野宿するアフリカ系難民の日常と、運よくスペイン側に渡ることができて自由になった者たちの姿を撮り続けたもので、アフリカからEUへの難民の流入の実態を有りのままに描いた作品である。
　上映に続いて、ジェニファー・ハインドマン教授の司会で、ライアソン大学のイディル・アタク教授、ヨーク大学のパブロ・アイダホサ教授、そしてヨーク大学のクリストファー・キリアキデス教授によるパネル討論があった。排除と包摂をめぐる議論やEUの現実と人道的な理想とのギャップなど、難民支援や難民研究に携わる者に対する深刻な問題提起であった。

4. まとめに代えて

　以上、ヨーク大学付属難民研究センターのサマーコースのあらましを概観した。最後に、職員養成の視点から、サマーコースと日本の社会教育主事講習との比較を試みたい。表8-8は、CRSサマーコースと日本の社会教育主事講習を比較したものである。

表 8-8 社会教育主事講習と CRS サマーコースの比較

	社会教育主事講習	CRS サマーコース
講習期間	18 日間	18 日間
実施機関	大学等	ヨーク大学付属機関
法的位置づけ	有	無
受講資格要件	有	審査有
受講者の属性	地域性	国際的
受講料	無料 （一部経費個人負担）	有料 $1,442（カナダドル）
受講後の扱い	社会教育士	受講証明書を授与
講師	大学教員、行政関係者、NPO スタッフ	

（筆者作成）

　ここからわかることは、日本の社会教育主事講習が制度化されたプログラムであるのに対し、CRS のサマーコースは法的後ろ盾が無く、受講者が自主的に参加するゆるやかなプログラムであることである。さらに社会教育主事講習は、その趣旨を社会教育に携わる専門的職員である社会教育主事の養成に加え、社会教育主事資格を活用することを念頭に広く社会教育関係姿施設の職員の力量形成も視野に入れており、地域の具体的な課題や現代的課題を学ぶ場としているが、具体的な課題の提示はされていない。それに対し、サマーコースは難民問題という現代社会の抱える具体的な課題を解決するためのプログラムである。換言すれば、前者が総論的であるのに対し、後者は個別具体的な各論に照準をあてていると言えよう。

　さらにサマーコースの特徴は、第一線で難民支援に関わるスタッフを交えて、研究者と実践家が共に難民をめぐる諸課題の理論と実践を学ぶことにある。人の移動がいっそう激しさを増し、紛争や災害といった地域の課題が地球的規模となり得る現代社会において、サマーコースは研究者と実践家の力量形成のための重要な場と機会を提供する。特にカナダでは、難民の第三国受け入れの際、政府援助プログラムに加え、民間難民受け入れ（Private Sponsorship for Refugees, PSR）が制度として確立しており、カナダ国籍を持つ市民が難民の第三国定住のスポンサーとなることが可能である[18]。この

制度はすでに40年以上続いており、難民問題に関する関心は市民レベルでも高いことがうかがい知れる。サマーコースは、専門職員のみならずこのような市民やNPOといった実践家が難民に関する認識を深め、難民支援についての知識や情報を共有する場として重要な役割を担っている。

謝辞：CRSサマーコースの歴史考証の過程で、ヨーク大学付属難民研究センターのコーディネーターのMichele Millard氏、及び同センターのコミュニティ・スカラーのTom Clark氏から貴重な情報を頂戴した。お礼を申し上げたい。

注
1) https://ballotmedia.org/timeline_of_federal_policy_on_immigration/2017-2020, 2018.8.26
2) https://www.bbc.com/japanese/38792956, 2018.8.26
3) http://www.unhcr.org/jp/treaty_1967, 2018.8.26
4) https://www.mofa.go.jp/mofaj/gaiko/nannmin/main/.html, 2018.8.26
5) 第三国定住（Resettlement）とは、難民を第三国が受け入れる制度のことで、紛争や迫害などにより母国を追われ、難民キャンプなどで生活している者を、第三国が定住先として受け入れる取り組みのことである。
6) http://crs.info.yorku.ca/about-us, 2018.3.13
7) http://crs.info.yorku.ca/programs, 2018.3.13
8) サマーコースの創設者、Tom Clark氏談（藤村の照会に答えて、2018.8.9）
9) http://crs.info.yorku.ca/research/projects, 2018.3.13
10) CRSの難民高等教育については、藤村好美「社会的排除に挑むSocial Pedagogy ― カナダ難民研究センター調査報告」松田武雄編『社会教育と福祉とコミュニティ支援の比較研究　第2集』2018年を参照されたい。
11) Care Canadaは、1945年に設立した国際人道支援NGOであるCareのカナダ支部であり、オタワに本部を置き、世界中からスタッフを受け入れている。Care Canadaについては、https://care.ca/about-us（2018.3.13）を参照。
12) Faith-Based Organizationの略。信仰や信念に基づく非営利組織のことで、具体的には教会や寺院などの宗教団体の外郭団体で主に人道的援助を目的とする組織である。
13) https://kotobank.jp/word/%E3%83%8B%E3%83%A5%E3%83%BC%E3%83%A8E3%83%BC%E3%82%AF%E5%AE%A3%E8%A8%80-1736397, 2018.8.28.

14) http://www.sojournhouse.org/who-we-are/history/, 2018.9.4
15) http://www.sojournhouse.org/programs-services/emergency-shelter/, 2018.9.4
16) http://www.sojournhouse.org/programs-services/transitional-housing/, 2018.9.4
17) http://www.sojournhouse.org/programs-services/youth-skills-for-life/, 2018.9.4
18) 難民の民間受け入れ制度（Private Sponsorship of Refugees, PRS）については、カナダ政府のウェブサイト（https://www.canada.ca/en/immigration-refugees-citizenship/corporate/publications-manuals/guide-private-sponsorship-refugees-program.html, 2018.9.5）及び Private Sponsorship Training Program のウェブサイト（http://www.rstp.ca/en/refugee-sponsorship/the-private-sponsorship-of-refugees-program/, 2018.9.5）他を参照。なお難民民間受入れ制度のスポンサーになれるのは、①5人以上の市民グループ、②コミュニティ団体、③スポンサー協定を有する団体である。

第9章

スウェーデンにおける Social Pedagogue による伴走的支援
── 依存症成人支援事業を対象に ──

はじめに

　本章の目的は、依存症を抱える成人が「自立」へと向かうプロセス（「依存からの自立」のプロセス）に対し、Social Pedagogue（Socialpedagog ＝ Socped：ソスペッド、以下、ソスペッドと呼ぶ）がどのようにその人びとの学び・成長を支えているのか、実践プロセスの構造を明らかにすることである。

　1970 年代に教育福祉論を唱えた小川利夫は、それまで「社会的教育学」と訳されることが多かったドイツの Sozialpädagogik を、「教育福祉学」として再解釈し注目した[1]。スウェーデンにおける Social Pedagogy（Socialpedagogik：SP、以下、SP とする）もまた、20 世紀初期から Sozialpädagogik の影響を強く受けながら、一つの領域として成り立ってきた[2]。スウェーデンの SP が、教育学を基盤としつつも福祉との関連が強いことは、序章でも指摘されている通りである。スウェーデン国内における SP 研究でも、SP とは「社会科学領域において教育学と社会福祉を横断する研究領域」[3]と説明されるため、SP を教育福祉の枠組みで捉えることは妥当であると思われる。

　SP の専門職であるソスペッドが活躍する場は多岐にわたる（序章参照）。本章では、日本における「社会教育士」をめぐる議論と関連して、教育行政外の管轄において社会教育の専門家はどのような実践を展開し得るのか、スウェーデンにおける、ソスペッドの就職先として多い場の一つである依存症成人支援事業を対象に、観察調査に基づき考察する。具体的には、依存症を抱える医

療・社会福祉領域で対象とされがちな人びとの、人生をより前向きに生きようとするプロセスにおける学び・成長に焦点をあて、ソスペッドはそのプロセスにどのように関わっているのか、彼・彼女たちの実践現場における参与観察で得られた知見をまとめる。

1. Social Pedagogue に求められる能力

　ソスペッドの専門性をめぐる議論は、スウェーデン国内でも大きなテーマの一つである。2006年には、リスベット・エリクソン著の『国境を越える Social Pedagogue ― Social Pedagogy の意義に関する研究』(Lisbeth Eriksson "*Socialpedagoger utan gränser: en studie om socialpedagogiska innebörder*") という本が刊行された。本書は、ドイツ、デンマーク、ノルウェー、フィンランド、スウェーデンにおける Social Pedagogue 養成課程の教員や研究者に対するインタビュー調査を基に比較研究を行った成果をまとめたものである。本書で、Social Pedagogy 実践に用いられる主なツールとして、関係 (Relation)、対話 (Dialogue)、活動 (Action) が挙げられている。各国の教員・研究者が、「専門職である Social Pedagogue が実践する上で重要だ」と語ったものを著者が整理し直し、この3点が取り上げられた。

　「関係」とは、Social Pedagogue と対象者との関係を指す。Social Pedagogue は対象者との距離が近いということが、ほとんどのインタビューから聞き取られた。それは、多くの Social Pedagogue は事務所ではなく外で、すなわち人びとの生活の場で働いているためである。しかし施設内で働いている場合においても、Social Pedagogue と「クライアント」は"neighborhood"な関係であることが語られる。例えばドイツのインタビュイーは、ソーシャルワーカーの働き方と比較し、ソーシャルワーカーは「よりカウンセリング的であり、よりセラピー的。Social な Work」と語り、SP実践との違いを明示している[4]。

　「対話」は、「(近い) 関係」から派生する概念として挙げられる。「対話」を通し、他者の視点を獲得したり、対象者の状況を理解したりすることができる[5]。文中では、パウロ・フレイレの「対話」概念を援用しつつ、Social

Pedagogy 実践との関係が説明されるが、インタビュー内容が記載されていないため、具体的にどの点がフレイレの理論と重なると著者が解釈したのかは読みとることができない。Social Pedagogy 実践における「対話」とフレイレによる「対話」の理論的接点について検討することは、今後の課題となるだろう。

「活動」とは、「ある目的に向かって活動／行動すること」を指している。多くのインタビュイーが、Social Pedagogue が有することが望ましい能力だと語る。Social Pedagogue に課される課題の一つは、人びとがよりアクティブになるような実践を行うことである。そのため「活動」は、Social Pedagogy 実践の目的の一つでもあり、手法でもある[6]。

これら 3 つの概念の関連は、「Social Pedagogue とクライアント間の近くて良好な関係は、新しい考え方と感じ方が発見されるような対話を導き得る。この対話が、活動を引き起こす」[7]と仮説的に構造化されている。本章では、エリクソンの仮説を参照しつつも、観察調査に基づき、より実証的にソスペッドによる実践の構造化を試みたい。

2. 依存症成人支援事業にみられる「自立」

(1) 依存症成人支援事業の概要

調査は、2016 年 9 月～ 2017 年 3 月の約半年間、1 週間に 1 ～ 2 回のペースで行った。調査先は、スウェーデン南部に位置する自治体における依存症成人支援部門（以下、フィールド A とする）である。フィールド A は、主に 20 歳以上の依存症を抱える成人に対し、依存症を改善するよう支援を行っている。調査時で 8 名の職員がおり、その内、今回の調査対象であるソスペッド（高等教育機関において SP 養成課程を修了した人）は 3 名（男性 2 名、女性 1 名）であった。その他の職員は、心理師や高等学校で行動療法に関するコースを修了した人びとであった。各自が有する教育のバックグラウンドにかかわらず、依存症成人支援に携わる職員として、「治療員」と総称される。2010 年以降から、高等教育機関の卒業資格を要するようになったため、高等学校を卒業

しただけでは本部門に就くことはできなくなった。各職員は、12〜20名の利用者を担当している。その中には、数か月のみの付き合いから、数年以上の付き合いがある利用者もいる。

フィールドAの主たる業務は、依存症を抱える成人宅を訪問し支援を行うアウトリーチである。訪問時に必ず行うことは、アルコール検査／検尿で、その後は、その時に必要な対話や活動を行い、利用者を励まし続ける。また、利用者が生活する共同居住施設の運営・訪問や、共同居住施設から出て自活するための「トレーニングハウス」と呼ばれるアパートへの訪問、夜間に宿泊だけできる宿泊施設への訪問も行う。また必要に応じて、以前に一度でもコンタクトを取ったことがある人の様子を窺うために街に出かけ、声掛けを行う場合もある。さらに、利用者の状況に応じて、病院や社会福祉課の窓口、警察、さまざまな非営利組織などと連携を図り支援態勢を整える役割も持つ。

（2）「依存」と「自立」

ここでは、ソスペッドの対象者が依存状態から自立へと向かうプロセスに、ソスペッドが専門職としてどのように関わっているかという点に着目する。ここでは「依存」と「自立」を以下のように捉える。まず「依存」に関して、スウェーデン語学術辞書（Svenska Akademiens ordbok）では、「何かがないといけない状態・自立していない状態・不自由」[8]と説明される。他方、「自立」の定義に関して同辞書では、「他人に確認することなく、考え、行動すること」[9]、すなわち「自己決定」が含まれる。障害学で著名な熊谷（2012）は、「自立」を以下のように説明する。

> 何にも依存していないのが自立とはいえません。いろんなものに依存して人は生きています。ご飯を作る人、洋服を作る人、たくさんの人がいて世界は成り立っています。自立している人は依存先がたくさんある人にすぎないのです。依存先を増やせば、一つ、一つに対する依存度が小さくなります。依存される側も負担が少なくなります。みんながたくさんの物や人に依存することができれば、誰もが自立できる世の中に少しずつ近づいていくのではないかと思っています[10]。

スウェーデンにおける「自立」は、上記のような「自立」解釈が含まれていると考えられる。なぜなら「自立」している人とは、依存する先を自ら見つけ、自ら頼りにいくことができる人のこと、すなわち自己決定して行動する人のことだと言えるからである。

自立した状態に至るためには、どのような依存先をどのように見つけ、どのように依存するか、自ら選択・決定し、行動しなければならない。つまり、いかに多様な人・モノと関係を築いていけるかが重要となってくる。このことを可能にするためには、「学び」が必要である。すなわち、自身の望みに従い、どのような依存先をどのように見つけ、どのように依存するかという課題に対し、自分自身にとって、どのような人・モノとどのような関係を築いていけば良いのかを自分なりに学ぶこと抜きには、自立に向かうことは困難である。フィールドAの取り組みに置き換えれば、アルコールや薬物に依存すると中枢神経機能に変化が起こるため、それ以外のさまざまな人・モノとの関係を築くことが困難であるから、アルコールや薬物依存状態は、「自立」から遠ざかっていると言える。

（3）「依存から自立」とは

ここで意図する「『依存から自立』のプロセス」とは具体的に何を指すか、フィールドAにおける63歳から支援を受け始めた男性（A1さん）の事例を基に示す。

《事例Ⅰ》

A1さんは、フィールドAにおいて支援を受け始めた当初は、アルコール依存の症状がひどく、病院に通っていた。食事を摂らず、シャワーを浴びることもなく、着替えることもない状態だった。ソスペッドが彼の自宅を訪問すると、部屋はかなり荒れていた。彼が、アルコールに対する依存傾向があると自覚し始めたのは40歳前後の時であったが、61歳で早期退職したことを期に、アルコール依存が急激に強まった。17歳から同じ会社で働き続け、配偶者も子どももいた。依存症状が強くなる以前は家事も立派にこなす父親であった

が、その後家族は離れ離れになってしまった。

　ソスペッドの支援を受け始めることになった経緯は、病院が自治体の社会福祉課とコンタクトをとり、フィールドAへ取り次いだということである。支援を受け始めてすぐ、フィールドAが管理する共同居住施設に入居した。同施設は、依存症状を軽減するための場としての位置づけであるが、なかなか軽減できず健康的な生活を送れない人が多く滞在する。少しでもより健康的な生活が送ることができるよう、食事など生活のケアをする「寮母」のような人がおり、ソスペッド等のフィールドAの職員たちも定期的に訪れ、施設や居住者の様子を見に来る。居住施設であるため、居住者の出入りは自由であり、飲酒することもできる。そのため、依存症から脱したいと強く望むA1さんのような人にとっては酷な場でもある。しかしA1さんは、一定期間、本施設に居住しつつも飲酒量を減らし、トレーニングハウスを経て再び一人暮らしをするようになった。

　その間、彼の担当であったソスペッドは、週1〜2回の面会を重ね、彼に寄り添いながら依存症からの脱却に向けて共に歩んでいった。彼は、ソスペッドの存在にとても感謝していると語る。

　支援を受け始めてから3年経ち、喫煙はするもののアルコールは一切摂取せず、心身ともに良好になった。清潔な部屋を維持するために定期的に掃除をする。健康的な食事を摂るようになり、以前同様、自炊もする。家族とは、彼の体調が良くなってから関係が戻ってきて、娘とたまに会うし、母親は近くに住んでいるため頻繁に会うようになった。さらに、身なりを整え、街に出かけ人と会ったり、スーパーで買い物をしたりする。ソスペッドによれば、購入する物はほぼ毎回決まっていて、以前、ソスペッドと共に買い物の練習として購入した食材を揃え、ソスペッドが教えたレシピで食事をつくるそうだ。

　ソスペッドと会う回数も次第に減り、支援を終える段階となった際には、A1さんの希望により、「料理会」が開催されることとなった。A1さんと同じような段階にある利用者たちのために、ソスペッドたちが企画し、数名で一緒に料理をつくり一緒に食べる機会が設けられた。このように、A1さんは以前の生活を取り戻し、新しい人とも出会い、自らに誇りを持つようになっていっ

たのである[11]。

　A1さんは、ソスペッドを頼りながらアルコールとの依存関係を脱していき、健康的な食事でお腹を満たすようになり、飲酒の替わりに家事や外出、趣味などに時間を充てるようになった。またソスペッドとの関係以外に、家族との関係を再び持つようになり、さらに新しい人とも関係を築く段階にきた。アルコールだけで満たされていた生活から、アルコール以外のさまざまな人・モノで満たされる生活に変わった。A1さんはその過程で、家事や買い物の仕方、人との関わり方を自分なりに学んで／学びなおしていったのである。

　この事例は、A1さんと関わったソスペッド自身、「（良い事例として）かなり特別」と語るように、フィールドAにおけるすべての人が事例のような方途を見いだし、このプロセスをたどるわけではなく、また、ソスペッドの力にのみ依るわけではない。ただしソスペッドが、その人自身やその人の周辺環境に関わることによる作用は大きいと思われる。以下では、事例でみられたような自立へのプロセスにおける、ソスペッドによる実践プロセスの構造化を試みる。

（4）ソスペッドによる実践の構造

　ソスペッドによる実践の構造化を試みるにあたり、以下の手順を採った。まず、自立に向けた支援には段階があるという仮説を立てた。すなわち、自立の方途をたどるには、さまざまなことへ挑戦することが必要となる。とはいえ、本人が望まないことを専門家が強要することはできないため、専門家は対象者のニーズを把握しなければなら

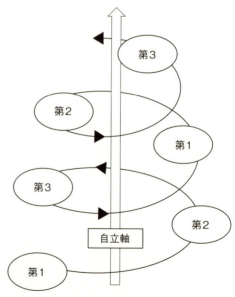

図9-1　「依存から自立」プロセスの構造

ない。そして、的確なニーズを把握するためには、対象者との間に信頼関係がなければならない。これらを順序立てると、対象者と信頼関係を築く段階（関係性構築：第1段階）、対象者のニーズを把握する段階（ニーズ把握：第2段階）、そしてニーズに基づき、試行錯誤しながらさまざまなことに挑戦する段階（調整的挑戦：第3段階）というプロセスに段階分けできることが見えてきた。ただし、これらの段階を順当に踏んでいくとは限らず、第1段階から第2段階を経て、第3段階までいったものの、また第1段階や第2段階に戻るなど、循環的なプロセスを経て、ソスペッドをはじめさまざまな人／モノとの関係性が深まり、自身の学びも深まるのだと考えられる。このプロセスを構図化すると図9-1の通りである。次節では、本枠組みに従いソスペッドによる実践を考察する。

3. 「依存から自立」へのプロセスに対するソスペッドの関わり方

（1）第1段階：関係性構築

　第1段階である「関係性構築」とは、まずソスペッドと対象者の関係性を指す。ソスペッドと対象者の関係性は、いわゆる「支援者と被支援者」というよりも、より身近な関係性にある。「支援者と被支援者」という関係性においては、少なからず支援者の権力性が生じる場合がある。例を挙げれば、「被支援者」が、「支援者は自分のことを評価し、自分の方向性を決定する立場にある」ことを認識し、それゆえ「被支援者」は自身が感じる／望むままの想いを表現することができない状況などにみられる。ソスペッドは、専門職の権力性を自覚しつつも、だからこそ、権力関係をできるだけ避け、対象者に寄り添うことを徹底する。そのため、対象者との対話は非常にナチュラルであり、長い付き合いのある対象者とは友人のような関係になる。このことに関し、あるソスペッドは、「『普段通り』に働くこと」はソスペッドの専門性の一つであると言う[12]。

　以下では、フィールドAのオフィスにおいて、ソスペッドが対象者（A2さん）と初めて面会をした際の対話の一部から、ソスペッドが初対面の人とどのよう

に関係性を構築しようとするか、そのプロセスを考察する。面会では、A2さん自身の現状や感情などについて、事前に記載していた質問用紙に基づき対話が進められた。A2さんは、依存物や仕事、社会関係など10項目について、どの程度満足しているか、1（とても不満足）～10（とても満足）の値に印を付けていた。

（S1＝ソスペッド1、A2＝A2さん）
S1：まずは最初の質問項目、薬物とアルコールについてだけど、どこに印を付けた？
A2：7番目に印を付けた。現在は少し良くなった。
S1：とても良いね。少しこれまでの人生について聞かせて欲しいのだけれど、兄弟はいる？
A2：兄が3人いる。それぞれ、半分血がつながっている。
S1：関係は良い？
A2：たまに連絡はとっている。だけど、皆家族がおり、それぞれの家族のことで精一杯なので、頻繁ではない。

　最初に兄弟のことについて聞かれた際A2さんは、突然プライベートなことを聞かれ警戒したような反応であったが、すぐ後の質問で自分のことを想ってのことだと感じたのか、警戒心はすぐに解けたように見受けられた。その後も、家族について一通り話した後、依存の問題を抱えるようになった経緯などの話題に移った。A2さんは、怪我により休職していた際リストラにあい、それを機に飲酒の量が増え、薬物使用も始め、アルコールや薬物、ニコチンへの依存が強くなったという。生活を営むことが困難となり、路上生活を送っていた時期もあったという話をした際、以下のような対話があった。

A2：路上生活をしていた際、友人宅を転々としていたりもしたけど、ある冬の日、泊まる先がなく、寒さに耐えきれずシェルターに泊まるようになった。シェルターには約1年いた。母親の家に泊まったときもあった。

その時は、酔った状態では行かないように気を付けていた。飲酒をしたとしても少量か、少し酔いが醒めてからか、もしくは母親が寝てから帰るようにしていた。
S1：それは敬意だね。
A2：そう！ まさにその通り！
S1：じゃあ、街にいる路上生活を送っている人たちは知っている？
A2：ほとんど知っている。売人なども知っている。
S1：○○さんも？
A2：知っている。その人は以前、自殺未遂をしたことがあった。
S1：その話は聞いたことがあった。大変だったよね。ところで現在の住まいは？ トレーニングハウスがあるのは知っている？
A2：現在は、新しいパートナーと一緒に暮らしている。トレーニングハウスのことは知っているけど、あの環境は好きではない。子どもが遊びに来ることもあるし。
S1：確かにそうだね。無理にトレーニングハウスを利用する必要はないけど、選択肢としてはあるということを伝えたかった。仕事などについてはどう考えている？ あ、ところで今は何歳？
A2：今は○○歳。
S1：あー、同じくらいだね。19○○年生まれでしょう？（筆者注：1960年代）
A2：まさしく。若く見えるね。
S1：ありがとう（照れたような笑い）。それにしても、あと数年は働くことができる。
A2：もちろん、働きたい気持ちはある。現在もボランティア活動をしていて、日中、何かをやるように気を付けている。お金もそんなに使っていない。
S1：とても素晴らしい。飲酒をしなくなってどのくらいになる？
A2：ちょうど30日になる。ただ、その内3日だけ飲酒した。
S1：とても素晴らしい！
A2：3日というのは、結婚式と、サッカー観戦と友人の誕生日会の3日。以前はアルコールに1日約5千使っていたが、今は1か月に500円くら

いかな。
S1：とてもとても素晴らしい！

以上のやりとりでは、ソスペッドのA2さんに対する「敬意」や「寄り添おうとする姿勢」がうかがえる。具体的には、母親に気を遣って生活していた話の内容については、ソスペッドによる、「A2さんによる母親に対する敬意を理解する」という敬意がみられるし、他の場面でも発言をすべて受け入れ、肯定的な反応を示す。こういったソスペッドの対応は、対象者にとって安心感をもたらし得る。フィールドAで支援を受け始めたばかりのA2さんは、ソスペッド1を信頼しているという旨を話していた。

（2） 第2段階：ニーズ把握

　第2段階としての「ニーズ把握」とは、第1段階で形成された関係性の上に立つ段階であり、第3段階移行のための基礎となるような段階である。上記のA2さんとの対話にも、ニーズを把握するやり取りはあったが、第2段階においては、今後の計画／方向性を企てるための、より具体的かつ現実的なニーズの把握が行われる。しかし、明確に「『ニーズ把握』を行う時間」が設けられているわけではなく、ソスペッドは、対話のなかで本人が何を望んでいるのか汲み取っていく。その望みに従い、どのような計画を立てることができるのか、本人と共に検討していく（第3段階）。そのため第2段階は、第1段階、あるいは状況によっては第3段階に組み入れられているような、非常に曖昧な段階である。
　A1さんの事例の中で挙げられた料理会は、料理のレパートリーを増やしたいということや、人と集まる機会をつくりたいというA1さんのニーズを、担当であったソスペッド2が汲み取り「料理会」として計画され実施された。ソスペッドは、A1さんとの対話のなかでニーズを発見し、A1さんと共に計画していったのである。とはいえ、料理会の事例のような自立に前向きなニーズばかりがあるわけではない。以下では、ソスペッド1とA3さんとの間のやりとりを紹介する。

フィールドAで支援を受け始めて半年ほどのA3さんは、海外出張中に飲酒量が増え、帰国後、アルコール依存に悩むようになった。10代の子どもとは、依存症が強くなってから会う機会が減っている。パートナーとは離婚が決まっており、既に別居していて連絡が途絶えているものの、育児のために連絡を取り合うことを互いに望んでいる。支援を受けることで回復していったので、ソスペッドは、次のステップとして家族や身近な人びととコンタクトをとるためのネットワークを形成しないか提案したところ、A3さんは、そのネットワークの内容に対し疑念を抱いた。

（S1＝ソスペッド1、A3＝A3さん）
S1：今後の計画を考えたいと思っている。ネットワークミーティングを設けることについてどう思う？
A3：12ステップ[13]のこと？　以前12ステップをやったことのある人の話を聞いたが、良いイメージを持たなかったのでやりたくない。
S1：もちろん、今すぐではないし、12ステップとは違うもの。依存症を克服しつつあるので、家族や身近な人たちと集まるだけの会。誰を呼ぶかはあなた自身で決められるし、何かプログラムがあるわけではないよ。
A3：それなら良いかもしれないが…
S1：今すぐに、という話ではない。
A3：今は必要性を感じていない。
S1：OK。ネットワークミーティングを設けるかどうかは別として、この後、家族支援課に行って子どもの様子について聞いてみるよ。
A3：お願いします。

　この面会後、ソスペッドは家族支援課の担当者と面談した。ソスペッドからはA3さんの近況について報告し、家族支援課の担当者からはA3さんのパートナーや子どもの近況について報告があった。さらにソスペッドは、ネットワークミーティングを設けることについてA3さんと話したことを報告し、今後、ネットワークミーティングを実施する方向性で計画を立てていくことを提案

した。家族支援課は、その提案に同意し、A3さんのパートナーにも提案内容を伝えることになった。A3さんが望むタイミングと内容で、ネットワークミーティングが設けられることになる。

　以上の対話にみられることは、A3さんの「ネットワークミーティング実施は、現在は不要である」というニーズを把握するプロセスである。ソスペッドは、第1段階にみられるような敬意を払いつつも、第3段階に向かうために対象者の意向を確認した。ソスペッドの意向を正直に伝えつつ、A3さんの意見を尊重していることから、A3さんに寄り添う様子が伺えた。

　A3さんとのやりとりにもあるように、ニーズの把握、またニーズに即して計画を立てることは容易ではないことが、以下のことからも分かる。すなわち、A3さんは依存症を克服しつつあったが、再度、海外出張に行くことになった。ソスペッド1は、再び飲酒量が増えることを案じ渡航を勧めない旨を正直に伝えたが、A3さんは渡航し、結局、飲酒量が増え以前よりも状態が悪化してしまったのである。ソスペッドはA3さんとの関係を改めて構築し直すことになる。なぜならソスペッドは、対象者が意識や記憶が曖昧な状態でも面会するため、約束を交わしたとしても対象者が覚えているとは限らず、面会の度に別人格のように見えることもあるからである。つまり、第3段階に移行しつつあっても、再び第1段階に戻ることもあり、場合によっては数年にわたりこれらのプロセスを繰り返すのである。

（3）第3段階：調整的挑戦

　第3段階である「調整的挑戦」とは、第2段階でのニーズに基づき、計画を立て実施する段階である。フィールドAにおける最終的な目標は支援を終了することであるため、そこに向けソスペッドと対象者が共同で計画を立てる。しかし、必ずしも計画通りに支援が進むわけではないため、計画を修正しつつスモールステップで前進していく。

　事例ⅠのA1さんは、筆者が出会った時点で支援終了に向け調整している段階であり、料理会の開催も終了に向けたA1さんのチャレンジであった。料理会に関しては、第2段階から第3段階への移行がスムーズに行われた一例で

ある。さらにA1さんは、移動の範囲を拡げることにも挑んでいた。長らく、ソスペッドがA1さん宅を訪問し面会を行っていたが、一度、ソスペッドのオフィスにA1さんが出向き面会を行う約束を交わした。ソスペッドのオフィスは街の中心部にあるため、ソスペッドは「街に出てくる機会を増やすと良いのではないか」という提案をしたのである。中心部に行くためには、バスカードを使用し公共のバスに乗車しなければならない。A1さんは、移動に関してもこれまではソスペッドに依ることが大きかったが、少しずつ「自立」のプロセスを歩んでいった。ソスペッドは、そのすべてのプロセスに同伴してきたのである。

他方、ソスペッド1が4年以上関わってきたA4さん（50代男性）も、支援を終了する段階であった。すでに一人暮らしをしており、教会が母体で運営するセカンドハンドショップに勤めていた。セカンドハンドショップの仲間と良好な関係を築いており、仕事もそつなくこなしていた。

　（S1＝ソスペッド1、A4＝A4さん）
S1：調子はどう？
A4：とても良い。これから母親のところに会いに行く。母親に新しい彼氏ができ、3人でランチをする。母親はカラオケが大好きで、よく歌っているよ。
（中略：筆者が日本出身と知り、日本についてしばらく会話をした）
　　　ところで今、免停なので、運転ができなくて移動に困っている。
S1：確かにそうだ。上司に話して、何か証明書（筆者注：A4さんが運転可能な状態になっていることを示すもの）を出せるか相談してみる。
A4：とても有り難い。お願いします。今日で禁酒100日目なんだ！
S1：やったね！　おめでとう！（ハイタッチ）
　　　薬は飲んでいる？（筆者注：禁酒を助けるための薬で、毎日飲む必要がある）
A4：飲んでいる。
S1：素晴らしい、素晴らしい！続けていきましょう！

A4さんもまた、ソスペッドの手を借りつつ自立している。自らのニーズをソスペッドに伝え、そのニーズに従いソスペッドが態勢を整えていき、さらなる自立に向けて共に計画を立てていくのである。

ソスペッド1とA4さんは、プライベートで会うこともあるほど近い関係にある。ソスペッド自身、「長年の付き合いだから友人のよう」と語るほど、A4さんのことを信頼している。A4さんとの対話は、ほぼ世間話で占められており、A4さんはその関係を心地よく思っているようで、後日のソスペッドによる話では、支援を終了する予定だった日を過ぎてもA4さんとの面会は継続していた。実はA1さんも同じ状況であり、ソスペッドと会わなくなり孤独になることを恐れているため、支援を終了することができないとのことであった。第3段階以降への接続が、専門職として大きな課題であると言える。

おわりに

本章で得られたソスペッドの専門性に関する知見として、以下の3点が挙げられる。

第1に、フィールドAにおけるソスペッドは、対象者の「依存から自立」の全てのプロセスに寄り添っている点である。Social "Pedagogue"（＝教育者）という名のもと、伴走（escort）しているのである。伴走の過程において、はじめは対象者とソスペッドの「一対一」の関係であるが、段階を経て多様な人・モノとの関係を対象者が築けるよう態勢を整えていく。そのためソスペッドの実践は、個人的・集団的・構造的であると言える。

第2に、「自立」へ向けた段階的な支援の過程において、「ケア（保護・擁護）」と「教育」が入れ子状に混ざっている点である。行政的な教育福祉論の枠組みにおいては、教育と福祉がせめぎ合うことは指摘されている通りである[14]。また実践の場においても、例えば幼保一元化の議論において、「子どものニーズに沿った『ケア』」と「異なる価値や文化を構築していく可能性のある子どもを特定のベクトルに向ける『教育』」のせめぎ合いがある[15]。しかし本事例にみられたのは、対象者をありのまま受け入れつつ（主に第1段階）、より前向きにな

れるような環境を整える（主に第3段階）実践である。ソスペッドは教育実践、すなわち人びとがより前向き／アクティブになるような実践を基盤としつつも、「ケア」の観点を備えており、実践において臨機応変に、ケアを強化したり、教育実践を強化したりしているように見受けられた。「対立」ではなく、両者の観点を持ち合わせてこそ、ソスペッドの専門性が発揮されると考えられる。

第3に、ネットワークの「ハブ」的な存在になっている点である。フィールドAにおいては、A3さんの事例に見られたような家族支援課との連携や、A4さんの勤務先との連携など、多様な機関との連携が求められている。稀な事例ではあるが、ソスペッド3が関わるA5さんは、発達障害（ADHD）を抱えており、発達障害に対する支援を医療機関で受けている。医療機関による判断として、ADHDに効果的な薬を服用することが推奨されているが、その薬を服用するためには薬物の使用を止めなければならない。そのため、まずはフィールドAにおいて薬物依存から脱しなければならない。ソスペッドは医療機関と連携しつつ、A5さんに寄り添っている。このように多様な機関と連携しながら実践するため、ソスペッドは自身のことを「蜘蛛の巣の蜘蛛」だと語る[16]。幅広い知見を有しているソスペッドだからこそ担うことのできる役割だと思われる。

本章で示したソスペッドの実践の構造は、日本における、まちづくりに関わる職員にも通ずるところはあるのではないかと考えている。例として、まず住民と関係を築き、住民のニーズを把握し、具体的な計画を立てるというプロセスに伴走的に関わる点などである。本章の事例は教育行政外で行われる実践であるため、日本の社会教育関係職員との共通点が見いだされれば、行政の枠を越えて実践する「社会教育士」の議論に資すると考える。しかし本章では比較研究に至らなかったため、これは今後の課題としたい。

注

1) 小川利夫『教育福祉の基本問題』勁草書房、1985年、p.155。
2) （a）L. Eriksson, A. Markström, *Den svårfångade socialpedagogiken*, Student litteratur, 2000.（b）C. Cederlund, S. Berglund, *Socialpedagogik – pedagogiskt socialt arbete*, Liber,

2014. 等。

3) Martin Molin, Anders Gustavsson, Hans-Erik Hermansson, *Meningsskapande och delaktighet – om vår tids socialpedagogik*, Daidalos, 2010, pp.7-8.
4) Lisbeth Eriksson "*Socialpedagoger utan gränser: en studie om socialpedagogiska innebörder*", Skapande Vetande nr. 47, 2006, p.110.
5) *Ibid*. pp.111-112.
6) *Ibid*. pp.113-114.
7) *Ibid*. p.114.
8) Svenska Akademiens ordbok（https://www.saob.se/artikel/?unik=B_1325-0038.M7K1&pz=3）（アクセス日：2018年11月13日）
9) *Ibid*.（https://www.saob.se/artikel/?unik=S_02999-0016.LLWl&pz=3#U_S2999_120817）（アクセス日：2018年11月13日）
10) 熊谷晋一郎「自立とは、ひとりで生きることではない：誰もがたくさんの人に依存できる社会を目指して」『月刊地域保健』東京法規出版、43（9）、2012、pp.80-87。
11) 2017年1月19日ソスペッド2とA1さんへのインフォーマルインタビューより。
12) 2016年11月29日ソスペッド3へのインフォーマルインタビューより。
13) 12ステッププログラムのことを指し、AA（Alcoholics Anonymous）が生み出した、依存症からの回復プログラムである。
14) 圓入智仁『子どもの虐待と学校─新しい教育福祉論─』櫂歌書房、2013年。
15) 丹治恭子「『教育』と『ケア』をめぐる相克─『幼保一元化』の検討から─」『ケアの始まる場所』ナカニシヤ出版、2015年、pp.106-122。
16) 2016年11月9日ソスペッド1へのインタビューより。

なお、本調査は、スウェーデン現地の「人を対象とした研究の倫理審査に関する法律（Lag（2003:460）om etikprövning av forskning som avser människor（https://www.riksdagen.se/sv/dokument-lagar/dokument/svensk-forfattningssamling/lag-2003460-om-etikprovning-av-forskning-som_sfs-2003-460）アクセス日：2018年11月13日）」に則り、倫理審査を受けて実施した。

謝辞
本調査にご協力頂いた、Björn Axelsson, Per-Ola Persson, Carina Antonssonに心より感謝申し上げます。

索　引

A〜Z

CRISP モデル　44
LGBT　157
Social Pedagogue　6, 168
Social Pedagogy　13, 42
Sozialpädagogik　168
UNHCR　151

ア行

アート　45
アウトリーチ　171
アニマシオン　50
依存　171
移民　154
ウェルビーイング　1
エリアマネジメント　25

カ行

学校社会福祉士　101, 102
金沢方式　78
釜ヶ崎芸術大学　48
教育格差　95
教育公務職　102
教育支援庁　104
教育福祉　4, 94, 95
教育福祉学　168
教育福祉協力事業者　105
教育福祉士　16, 100
教育福祉事業　95
教育福祉センター　102
教育福祉総合計画　94
教育福祉調整者　101

教育福祉優先支援事業　95
ケア　182
研修　72
校下　80
公平性　94
公民館再編　62
公民館社会教育主事制度　8
公民館主事　74
公民館地域アセスメント　19, 39
公務員職列化　98
国土のグランドデザイン2050　24
国家障害者平生教育振興センター　96
コミュニティ アズ パートナー　33
コミュニティ・キャパシティ　38
コミュニティ・ワーカー　124
コミュニティ政策　20
コミュニティソーシャルワーク　35
コミュニティにおける「善き状態」　1
コミュニティの「共通善」　1
コミュニティ利益会社　24

サ行

シェルター　161, 162, 163
支援　42, 149
自己決定　171
自治会・町内会　29
指定管理者制度　57
社会教育士　2, 75, 168
社会教育主事　58
社会教育主事講習　72
社会教育専門要員　96
社会教育福祉　4

社会教育法　96
社会福祉関係八法改正　34
社会福祉協議会基本要項　64
社区教育　112
社区教育職員　115
社区建設　112
小規模多機能自治　23
小地域　62, 64
自立　171
成人文解教育支援事業　96
成人文解教育支援条例　99
選別主義　95
善隣館　78
総合出先機関化　30
ソウル特別市教育庁教育福祉官民協力活性化条例　104
ソーシャルケア　42
ソーシャルワーク　42

タ行

対話　169
多元的専門性　17
多層的アプローチ　46
地域アセスメント　31
地域運営組織　22
地域カルテ　36
地域教育共同体　95
地域共生社会　22
地域共同体づくり　97
地域社会教育専門家　101
地域診断　37
地域生活支援ネットワークサロン　49
地域福祉活動　60
地域保健福祉推進職　71

地域保健福祉担当職員　61
地域リーダー　129
小さな拠点　25
地区社会福祉協議会　88
中間支援組織　97
町会連合会　85
デュアル資格　124

ナ行

難民　146

ハ行

ハブ　183
伴走　182
汎用資格　15, 97
福祉教員　5
福祉協力員　61
普遍主義　95
文解教育　95
文解教育審議委員会　99
文解教育センター　99
文解教員　99
文解教室　100
平生学習館　97
平生学習都市事業　97
平生教育士　15, 96
平生教育実践協議会　98
平生教育振興院　97
平生教育バウチャー　96
平生教育法　15, 96
平生教育法施行令　99
方面委員制度　79
包容性　94

マ行

マウル共同体　106
松江方式　68
マハッラ　134
麦の郷　52

ヤ行

ユースワーク　44

ラ行

ライース　135

ワ行

我が事・丸ごとの地域づくり推進　21

執筆者一覧
（執筆順）

松田　武雄　（中村学園大学教授）　　　　　　　　　　序章
MATSUDA Takeo　（Nakamura Gakuen University）　　Introduction

上野　景三　（佐賀大学大学院教授）　　　　　　　　　第1章
UENO Keizo　（Saga University）　　　　　　　　　　Chapter1

宮﨑　隆志　（北海道大学教授）　　　　　　　　　　　第2章
MIYAZAKI Takashi　（Hokkaido University）　　　　　Chapter2

丹間　康仁　（帝京大学講師）　　　　　　　　　　　　第3章
TANMA Yasuhito　（Teikyo University）　　　　　　　Chapter3

大村　隆史　（名古屋大学大学院 教育発達科学研究科博士後期課程）　第4章
OMURA Takashi　（Nagoya University Graduate Student）　Chapter4

李　正連　（東京大学准教授）　　　　　　　　　　　　第5章
LEE Jeongyun　（The University of Tokyo）　　　　　　Chapter5

肖　蘭　（北海道大学特任助教）　　　　　　　　　　　第6章
XIAO Lan　（Hokkaido University）　　　　　　　　　Chapter6

河野　明日香　（名古屋大学准教授）　　　　　　　　　第7章
KAWANO Asuka　（Nagoya University）　　　　　　　Chapter7

藤村　好美　（東京大学非常勤講師）　　　　　　　　　第8章
FUJIMURA Yoshimi　（The University of Tokyo）　　　Chapter8

松田　弥花　（高知大学助教）　　　　　　　　　　　　第9章
MATSUDA Yaka　（Kochi University）　　　　　　　　Chapter9

■編著者紹介

松田　武雄　（まつだ　たけお）

　　中村学園大学教授、名古屋大学名誉教授、博士（教育学）

著書

『近代日本社会教育の成立』（単著）九州大学出版会、2004年
『新装版　現代社会教育の課題と可能性』（単著）九州大学出版会、2009年
『新版　生涯学習と地域社会教育』（編著）春風社、2010年
『社会教育・生涯学習の再編とソーシャル・キャピタル』（編著）大学教育出版、2012年
『コミュニティ・ガバナンスと社会教育の再定義』（単著）福村出版、2014年
『新版　現代の社会教育と生涯学習』（編著）九州大学出版会、2015年
『社会教育福祉の諸相と課題』（編著）大学教育出版、2015年
『世界の生涯学習』（編著）大学教育出版、2016年

社会教育と福祉と地域づくりをつなぐ
── 日本・アジア・欧米の社会教育職員と地域リーダー ──

2019年3月31日　初版第1刷発行

- ■編 著 者────松田武雄
- ■発 行 者────佐藤　守
- ■発 行 所────株式会社　大学教育出版
　　　　　　　　〒700-0953　岡山市南区西市855-4
　　　　　　　　電話 (086) 244-1268　FAX (086) 246-0294
- ■印刷製本────モリモト印刷㈱

© 2019, Printed in Japan
検印省略　　落丁・乱丁本はお取り替えいたします。
本書のコピー・スキャン・デジタル化等の無断複製は著作権法上での例外を除き禁じられています。本書を代行業者等の第三者に依頼してスキャンやデジタル化することは、たとえ個人や家庭内での利用でも著作権法違反です。
ISBN978-4-86692-020-7